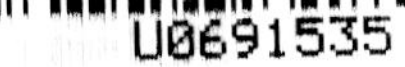

皇太极

武略文韬：皇太极

墨香满楼◎著

中国铁道出版社有限公司
CHINA RAILWAY PUBLISHING HOUSE CO., LTD.

图书在版编目（CIP）数据

武略文韬：皇太极 / 墨香满楼著 . -- 北京：中国铁道出版社有限公司，2025. 7. -- ISBN 978-7-113-32376-9

Ⅰ. K827=49

中国国家版本馆 CIP 数据核字第 2025A1A124 号

书　　名：**武略文韬：皇太极**
WULÜE WENTAO：HUANGTAIJI

作　　者：墨香满楼

责任编辑：奚　源　　　　**电　　话**：（010）51873005
封面设计：刘　莎
责任校对：刘　畅
责任印制：赵星辰

出版发行：中国铁道出版社有限公司（100054，北京市西城区右安门西街 8 号）
网　　址：https://www.tdpress.com
印　　刷：天津嘉恒印务有限公司
版　　次：2025 年 7 月第 1 版　2025 年 7 月第 1 次印刷
开　　本：710 mm × 1 000 mm　1/16　**印张**：13.5　**字数**：187 千
书　　号：ISBN 978-7-113-32376-9
定　　价：88.00 元

让历史指导我们前行

历史是一面镜子，当我们站在历史这面镜子面前，总能发现一些新的东西，一些看上去像自己又不像自己的人和事儿。

昨天的历史就是今天的我们，今天的我们就是明天的历史。历史是一个巨大的车轮，而我们都是混迹在这个车轮上的蝼蚁。历史有历史的规则，也有自己的玩法，一个不了解历史的人就像一只无头苍蝇，在历史的车轮边沿攀爬。

历史是过去的事情，似乎和我们今天关系不大，当然，这只是似乎而已。事实上，历史和我们的生活紧密相连，那些历史上成就大业的人都是了解历史的人，即便是当今社会有大成就的人，对历史也是如数家珍。

了解历史并不能帮助我们开发软件，也不能帮助我们提高股票的收益，但是历史可以告诉我们应该如何在这个社会上生存，告诉人们如何在众多的软件高手中脱颖而出，告诉人们如何在烟雾缭绕的股市中掌握方向。

了解历史能让人知道大势，而不是告诉人们小情。

一个不掌握大势的人，事情做得再到位，那也是徒劳无功；一个掌握大势的人，即使事情做得有瑕疵，也能事半功倍。

了解历史，是一种能让我们用最少的精力取得最大回报的好方法。

历史上这些人的成功是我们必须吸取的经验；

历史上这些人的失败是我们必须规避的风险；

历史上这些人那时那刻的决定值得我们深思；

历史上这些人那时那刻的犹豫值得我们总结；

…………

历史不应该被忽视，更不应该被遗忘，历史上有太多的事情需要我们总结，历史上有太多的人物需要我们去分析。

值得庆幸的是，我发现越来越多的年轻人开始关注历史，并且开始动手写历史人物与故事，从当年明月到墨香满楼，又到如今的皓月清风，他们是一个又一个传道士，他们用自己的笔宣扬着历史上的文化，用自己的心昭示着新时代人们对历史的认识和关注。

他们不只继承，更是改变，改变了历史的通俗写法，让历史变得更轻松、变得更幽默，更适合现代人的阅读习惯。但是轻松不是恶搞，幽默不是失实。新写法体现出他们对历史的新认识，他们用自己的笔墨让我们感觉历史原来和我们如此地接近。

目录

第三章　第三者——朝鲜

第四章　出发！皇太极

第五章　悲剧的诞生——袁崇焕

第六章　转战辽西

第十章　松山、锦州，洪承畴

第十一章　大明很乱，大清更乱

第一章　继 承 人

袖手旁观的“嫡长子”

明天启六年，后金天命十一年（1626 年），努尔哈赤死了！

老爷子创业未半，就这样“悄悄地”而又充满争议地走了，虽然“没有带走一片云彩”，却给后人们留下了各种“纠结”。

对于后金所有活着的人来说，努尔哈赤的死是让人纠结的。

老爷子活着的时候玩命似的跟邻居大明较劲，结果把人家惹毛了，自己却“不玩”了。

现在，大家的当务之急就是在邻居反应过来之前，立刻选出一个能接手努尔哈赤事业和产业的继承人。提起这个事儿，大伙就又开始纠结了。

努尔哈赤有 5 个弟弟，16 个儿子。单看血缘，这些人都有继承老爹或者老哥的权利。不过，“继承团”的庞大还不是最让人纠结的。

最让人纠结的是，努尔哈赤活着的时候光顾着和邻居死磕了，居然“疏忽”了家长在临死前必须做的工作——立遗嘱。

在一个家庭里，没有留下遗嘱，诸多孩子以及其他有遗产继承资格的人很有可能要发生争斗，甚至是武斗！

更何况努尔哈赤家是个特殊的家庭，遗产丰厚。在历史上，这些家庭特别强调生前遗嘱的明确性。

按照历史的惯例，这是引发宫廷政变的隐患和由头。

在当时的后金政权中，有两件大事急需处理：一是努尔哈赤的后事，一定要好好办理；同时人们在琢磨谁来坐努尔哈赤留下的那把椅子……

关于椅子的问题，向来非常重要，特别是一些特殊的椅子，例如皇帝的椅子、王侯的椅子或者是现在某个董事长的椅子，因为这些椅子往往已经不再只是一把椅子，而是权力的象征、财富的象征……

在中国几千年的历史长河中，皇上往往子孙成群。为了保障皇位顺利继承，最大程度避免后世子孙因争夺皇位导致宫廷政变，进而危害统治的稳定性，统治阶级很早就研究出了以嫡长子作为继承人的制度。这种制度起于商末，成熟于周初。简单地说，就是“立嫡以长，立子以贵”。这样一来，就明确规定了继承人的身份，从源头上打消其他皇子的野心。因此中国文化是讲究正统的，也就是“正朔”。如果你既非嫡子，又非长子，靠其他手段得到了皇位，大家就不会承认你的合法性。不仅会有人起来反对，一些史家还会把你写到史书里骂一通。

嫡长子实际上有两个意思：一个是嫡子，一个是长子。想要自然地拥有继承权，最起码要先具备这两项条件。

嫡子指的是正室所生的儿子，因为古代一个男人可以有一妻多妾，这种婚姻状况合法。

不过，这种“婚姻法”在让男人受用的同时，也带给他们不少麻烦，在这个男人死后的继承问题上，体现得最为尖锐。古人很聪明，一妻多妾没问题，可以把她们排排序，可以按照结婚先后排，也可以按获得宠爱程度排。排序的方法很多，总之就是要确立一个“正室”，也就是要在当中找一个“领导者”，而这个嫡子就是这个“领导者”所生的孩子。

长子也是继承条件之一。符合嫡子的要求，未必符合长子的要求，因为有些正室“不争气”，自己生的孩子并不是长子，长子的位置被偏房所生的儿子占了，那该怎么办呢？

那就要遵照上面“立子以贵”这条。在众多妻妾中，只有正室生的儿子有继承权，不管他排行老几。也就是说在嫡出和长子这两个关系产生冲突时，嫡出优先。

还有一种情况，就是正室有好几个儿子，这些儿子都算是嫡出，到底要谁来继承呢?

所以就有了“嫡长子”的说法。嫡长子既是嫡出又是长子，两个限制条件下，就只可能是一个人，不会有说不清、道不明的地方。这样一来，也就不容易发生争端。

实际上嫡长子继承权的确立，是以嫡长子为依据，具备条件，就拥有继承权。目的就是让大家有个参照标准，告诉其他孩子不要争不要抢。大家不要闹，这是命，谁让你没福气做嫡长子呢!

这么一来，很多不安定的因素和想法就被扼杀了。

但是后金的政权性质和当时的社会结构，在上一本书里已经介绍过了，它属于奴隶制社会，并且刚刚建立，还没有学习到这一套完善的继承制度，再加上努尔哈赤临死之前没有指定继承人，如按照正常思维，这下后金是有热闹看了。

因为接班人的候选对象太广泛了：不仅有努尔哈赤的儿子，还有努尔哈赤的兄弟，甚至还有努尔哈赤的侄子……

但史实却是，努尔哈赤死后并没有血雨腥风的争斗，很快皇太极即位，政权的交接还算顺利。是时势成就英雄，还是英雄造就时势?这显然是哲学家讨论的问题，不过现实往往是，创造英雄的时代和掌握时代的英雄一样重要。

皇太极的优势

皇太极生活的时代，中国版图上存在着“四大天王”，即后金的皇太极，明朝的崇祯、李自成和察哈尔部的林丹汗。这四个人论实力，都有资格成为当世“一哥”。明清之际的乱世造就这四人的出现，而他们的较量最终决定了中国历史的发展。

万历十六年（1588 年），努尔哈赤与叶赫那拉氏（名孟古哲哲）完婚。这年努尔哈赤 29 岁，而他的娇妻只有 13 岁。

努尔哈赤很喜欢这位小妻子。叶赫那拉氏不但长得漂亮，而且贤惠，

既上得了厅堂，又下得了厨房，并且一心扑在照顾努尔哈赤的工作上。

这让没事就往外跑的事业男十分受用。

毫无疑问，夫妻俩生活相当幸福美满。4 年后，叶赫那拉氏生下皇太极，在兄弟中排行老八。

皇太极从小就聪明过人，当时的“邻居”家有几个牛人，经常拿“过目不忘”出来炫耀，其实皇太极在很小的时候就已经是“过耳不忘”，啥东西听一遍就能记住，看一眼就能明白，“一听不忘，一见即识”。

用现在话说：“这孩子聪明又懂事。”这样的孩子自然也就不用家长太操心。

“老夫少妻，孩子就是聪明。”孔子也是属于这种情况。

夫妻两个都很溺爱这个孩子。当然，长在温室的花朵，没有经历风雨的洗礼，自然也开不出绚丽的花儿。

正所谓福兮祸之所伏，祸兮福之所倚。

万历三十一年（1603 年），叶赫那拉氏忽然得重病死了。这年皇太极才 11 岁。

没有母爱的呵护，父亲又经常不在家，在这样的环境中成长，皇太极从小就养成了独立的性格。

努尔哈赤带领皇太极的哥哥褚英、代善经常出门在外，奋勇拼搏开拓家族业务，皇太极就担当起内政的工作。

这时皇太极的家已经是东北数得着的“大户”了。早在万历十五年（1587 年），努尔哈赤一大家子迁移到烟囱山东南二道河子费阿拉城。住着砖瓦房十余座三十余间，还有田庄等，金银财宝和奴隶不断增加。

小皇太极虽年幼却担当钱粮开支、日常事务以及送往迎来的工作，类似于总管的活儿。

虽然后勤工作做得十分出色，但小皇太极天生就不是一个能安安分分地从事“幕后工作”的人。他知道，在这个家族里，会打仗的才有权威。

所以，在 1612 年，还没过 20 岁生日的皇太极在对乌拉部的战役中上演了自己的“处子秀”。他帮助老爹以优势兵力拿下了拥兵 1 万的乌拉部。

打完了“内战”，已经在战场上证明了自己的皇太极，又跟着老爹去邻居家“串了趟门”。

1618年，努尔哈赤用“七大恨”刺激了自己的部下，并准备用这些受了刺激的部下去撬开明朝大门——抚顺。皇太极就在接下来的各种战役中锋芒毕露地舞了一回。

首先，他为老爹选择了“串门”路线和“撬门”方案，使得坐在“头等舱”里的努尔哈赤优哉游哉地走了一条经济航线，来到了明朝的东北门户——抚顺，准备大干一场。

接着，皇太极又在老爹面前上演了一出东北版“特洛伊木马”，确切地说应该是“抚顺城真马”。当时，抚顺城正在举行“马展”，虽然没有“马模”，但是场面依然火爆。皇太极趁这个机会组建了一个50人的队伍，乔装成马商潜入城内，作为内应。

凌晨，随着一声笳响，皇太极派进城的50人立刻将会场搞了个人仰马翻。趁着城内大乱，皇太极率领自己的正白旗兵马作为攻城主力，里应外合，一举拿下抚顺。

最后，在老爹撤出抚顺后，皇太极又和大贝勒代善对明援军来了次围点打援，这次收获颇丰——哥俩合伙干掉了包括总兵张承荫、副将颇廷相在内的50多位明朝将领。

后金军在抚顺的潇洒走一回，就像冬天里的一把火，彻底燃起了大明的怒气，双方枪来刀往，在接下来的萨尔浒、辽沈、叶赫的大小战役中，皇太极都有参与。

在这些战役里，皇太极最大的收获并不是卓越的战功，而是他的英勇、机智、谋略逐渐地进入到父亲视线中。要知道，能打仗的有的是，但是又能打仗又会算计的智囊型将领，却是少之又少。

所以，皇太极俨然成了一个“东北诸葛亮”，这样的极品，正是后金军团急需的。

排 除 法

24 岁的时候，皇太极位列四大和硕贝勒之一，地位仅次于大贝勒代善、二贝勒阿敏、三贝勒莽古尔泰，也就是说皇太极在他的 16 个兄弟当中已经是出类拔萃了。这也使得后金核心圈的层次感更加清晰了。

努尔哈赤在建立后金政权后，也曾一度试行嫡长子继承制，结果迫于其他领导成员的压力，他不得不亲手杀死长子褚英。

30 年前，努尔哈赤和自己的弟弟舒尔哈齐组成“东北双煞”，他们靠着爷爷留下来的 13 副铠甲起家，统一各部。

当事业逐渐做大时，哥俩不可避免地出现了要“分家”的不和谐局面。为了一人独大，努尔哈赤不得不将弟弟囚禁起来，这样一来家产虽然是保住了，但是却少了一个帮手。为了事业的发展，努尔哈赤急需一名得力助手。就在这时，一个人逐渐地闯入他的视线。

1598 年，褚英领兵 1000 人，“星夜驰骋”，在东海女真安褚拉库 (今黑龙江上游二道江一带) 打了一场漂亮的“闪电战”，豪取 20 个屯子，威慑周边大部分地区，使其不战而降。

凯旋之后，老爹非常高兴，赐褚英“洪巴图鲁”称号，意为“英勇”。

1607 年，褚英又在成功收服其他部落的返回途中，于乌碣岩 (今图们江畔钟城附近) 同乌拉部的 1 万军兵遭遇。

此时，军队的统帅还是没有被努尔哈赤“封杀”的舒尔哈齐。面对敌人的 1 万军兵，舒尔哈齐有点怂了，按着自己队伍就是不敢放手攻击。

看见叔叔这副模样，褚英明白，此时作为除舒尔哈齐外最有分量的家族成员，他该站出来接管战场了。

于是乎，他站在了部队前面，面对着有点“肝儿颤”的士兵，发表了一通慷慨激昂的战前动员，总结起来就是一句话：手下败将，何足挂齿！

再于是乎，士兵们开始亢奋了，一个个撸胳膊、挽袖子，就要跟对面那 1 万人火拼。此时他们总兵力满打满算才 3000 人，就这么冲不得让人打得满地找牙?

打仗时勇气固然重要，但是谋略才是左右胜负的关键。褚英知道刚才那番话忽悠忽悠自己人还可以，真想消灭对面那伙人，还得靠战术。

接下来，褚英和弟弟代善各带了 500 人，兵分两路，玩命似的往一座山上冲，在山顶与后来的“后金五大臣”之一的扈尔汉成功会师。占据制高点后，褚英等人以高攻低，不仅当场干掉了乌拉军主将博克多贝勒父子，还活捉了常柱贝勒父子及其弟胡里布贝勒。

此战在褚英的带领下，一共干掉了乌拉部 3000 人，获战马 5000 匹、盔甲 3000 副。本来是在回家途中被人打劫，结果反而把人家给劫了，这可能就是褚英体内父亲遗传的基因，不管自己多少人，对方多少人，只要碰上了，第一想法一定就是——战!

回到家后，努尔哈赤高兴得直夸褚英、代善两兄弟是“没睁开眼的小虎崽”。至此一战，褚英荣获“阿尔哈图土门”称号，意为“广略”。从此，“广略贝勒”响彻东北。

我们之前说过，在这个家族中，会打仗的才会有权力，一个既会打仗又会教别人的军事人才自然逃不出努尔哈赤的法眼，特别是在努尔哈赤的创业阶段，这类型的人才尤为重要。

万历四十年（1612 年）六月，弟弟舒尔哈齐死后不到一年，努尔哈赤就将执政大权交给长子褚英。

上阵父子兵，儿子听老子，这回可没人再敢跟我闹财产纠纷了吧? 努尔哈赤当时是这么想的，但这是否真的预示褚英的春天就此来临了呢?

褚英在战场上，对待敌人就像严冬般寒冷；回到了官场，褚英对待自己人的态度，也丝毫没见回温多少。

压制加恐吓为老爹打江山的五位元老早已不在话下，盛气凌人的褚英居然还打起了老爹未来 4 个“和硕贝勒”的主意。

在一个星辰密布的夜晚，老大褚英把 4 个弟弟叫到了门外，非要逼 4 个人指着天上的星星发誓：以后要无条件听从老大的话，不许向父亲打小报告。

4 个人仰视着身旁这个无论是辈分、地位，还是体格都要高自己一等的大哥，不得不从了他的“民意绑架”。

接着，褚英的“打劫欲”发作了，他告诉面前这 4 个弟弟：“之前老爹给你们的生活费，等他死了，我要收回来重新分配。”

可想而知，当皇太极、莽古尔泰、阿敏、代善听到哥哥的霸王条款后会是多么气愤。不过，褚英可不管他们的感受，因为他留给他们的最后一句话就是：“等我当了大汗，那些之前不听我话的都得死。”

说完之后，褚英转身离去，只留下 4 个弟弟跪在当场不知所措，而此时四人的想法异常一致：绝不能让他即位！

当 5 位对褚英异常不满的元老，遇到 4 位对褚英异常恐惧的家族核心成员，这 9 个人的谈话内容有且只有一个——如何铲除褚英。接下来，一场在当时很少见的政变就此拉开序幕。

9 个人来了一次“越级申诉”，将褚英的“不法”行为捅到努尔哈赤那里。

当努尔哈赤听完 9 个人的投诉后，并没有头脑发热而直接把褚英拿下。而是让这 9 个人将褚英的罪行，拟成书面材料与被告褚英当面对质。结果褚英看完后，表现得比他父亲还冷静，只说了一句：“无言可辩。”

既然如此，努尔哈赤也只有理所当然地“安容尔执政耶”了。

就这样，褚英的继承人身份被努尔哈赤收了回去。这倒不要紧，因为不论谁是继承人，就目前情况来看，褚英都是兄弟之中最能打的一个，这就又回到了我之前说过的那句话上——在这个家族里，会打仗的才有权威。不过，很快褚英就会发现，原来自己已被完完全全地淘汰出局了。

1611—1612 年，努尔哈赤两次出兵乌拉，两次弃“乌拉克星”褚英于队伍外，理由很简单——留守家中反省。

当不成继承人，褚英的权力没了；打不了仗，褚英的实力没了。现在要啥没啥的褚英，被老爹整得很惨。不过，要他听老爹话老实在家待着，那是不可能的。孩子被老爹修理一顿，闹点小情绪也是正常的，不过褚英的情绪可是有点闹大了。

有情绪就得发泄，普通人家儿子的发泄方式一般就是满地打滚，大哭大闹，有特别倔的，充其量砸几个玩具，反正砸坏了以后还能买。

但褚英的发泄方式可就有点特别了，他居然找了4个“小伙伴”在家搞起迷信活动。

褚英的迷信活动是诅咒，详细点说是对天烧纸，诅咒他爹和弟弟们战败，到时候回来不给他们开城门。

其实儿子被父亲修理了一顿，盼着父亲出点倒霉事儿也是可以理解的，毕竟小孩子不懂事，童言无忌。

不过，褚英就不一样了，他爹战败的结果就是九死一生。哪有儿子盼着老子死的，况且褚英当时都30多岁了，这确实有点过分了。更过分的是他居然不让老子回家，挨饿受冻不说，这要让敌人追上来，那努尔哈赤就得从那“一生”里再分出个“九死”。最后，就算侥幸剩下那“一生”中的“一生”的话，也得是个生活不能自理的下场。

更可怕的是，褚英完全有这个能力实现他的“咒怨”。

褚英这边对未来憧憬得正起劲呢，可能连追兵揍他父亲时，自己听什么曲，点什么下酒菜都想好了。

不料，他旁边那4个“同伙”却受不了了，连他们也看出来褚英这小子忒不是东西了，关键是，如事情败露褚英或可以按家庭纠纷处理，而他们4人得按造反判决。努尔哈赤有多狠，这4个人不是没有了解的。

所以，面对这么大的压力，其中一个回家之后就上吊自杀了。估计是怕殃及家属，这个人在自杀之前还留了封遗书，将事情的经过记录了下来。

看见出人命了，其他3人感觉这次的事儿是包不住了，所以争相跑到努尔哈赤那里当“污点证人”。

努尔哈赤一听，自己为了这个家在外东奔西跑，结果大儿子却在家里盼着自己死翘翘，顿时气得七窍冒烟，拔刀就要砍了褚英。

但是，努尔哈赤最终还是没下得去这个手，不是因为他突发爱子之心，而是因为努尔哈赤怕教坏了其他小朋友。俗话说“虎毒不食子”，努尔哈赤要真把褚英砍了，那他在其他儿子眼中的“慈父”形象可就没了，更重

要的是，保不齐哪天身边这几个习惯了的儿子会拿自己兄弟开刀，到时候追究起来，大家都是跟老爹学的，他这个当家长的可就难辞其咎了。

在对待大儿子的问题上，努尔哈赤依然采取了“冷处理”——责令其继续反省。只不过，这次反省的地点是在高墙之内——褚英被囚禁了。

努尔哈赤囚禁大儿子的地方跟囚禁弟弟的地方是不是同一个，我们不关心。但两个人的最终结果是相同的。

万历四十三年（1615 年）八月二十二日，褚英被囚禁两年后，被父亲下令处死。

书面原因：爱新觉罗 · 褚英在反省期间死不悔改。

实际原因：爱新觉罗 · 努尔哈赤将其视为心腹大患。

大儿子褚英倒台之后，努尔哈赤把执政大权交给了二儿子代善。不过有句话叫“枪打出头鸟”，代善的日子从此也就不那么好过了。

很多人认为皇太极的皇位是其设计夺来的，皇太极设计陷害哥哥代善的故事广为流传。

说是天命六年（1621 年），有一个努尔哈赤的侧妃德因泽向努尔哈赤告状：

他的大妃阿巴亥派人送吃的给代善，代善接受了，而且吃了，派人给四贝勒皇太极送吃的，皇太极接受了，但是没吃。

他的大妃经常在深夜出宫。

在正式宴会和家庭聚会的时候，他的大妃盛装艳饰，同大贝勒眉来眼去。

这一年努尔哈赤 62 岁，代善 38 岁，阿巴亥 31 岁。

一个年已耳顺，另外两个正值“虎狼之年”。“老年危机”就此发生。

这三件事情单独来看没什么大不了的，但是如果放到一起看就不得了，结果德因泽把这些告到努尔哈赤面前。努尔哈赤派人调查，调查的结果不利于阿巴亥。

努尔哈赤很为难：处理阿巴亥，理由是什么？处理代善的理由是什么？

处理他们事小，丢了自己的面子事大，家丑不可外扬，这些事情是隐隐约约、说不清道不明的。

努尔哈赤想了一个办法，以阿巴亥私藏金银财宝为名，把她给修理了。

修理阿巴亥，起到了敲山震虎的作用，代善也受到很大的打击。

德因泽是否受皇太极指使，现在谁也没有确切证据，都还只是猜测。没有办法，无论哪个政权，对于政治新闻的报道都是有严格限制的，哪怕是当时的后金。

其实不需要皇太极使诈，代善已经自毁长城了。

代善与前妻有一个儿子，叫硕托，跟代善后妻关系不好。代善的后妻说硕托与代善的小老婆私通。代善一气之下就要杀这个儿子。

努尔哈赤不同意，反复地调查，结果发现是代善的这个后妻从中挑拨，很不高兴。代善为了讨好父亲，就把后妻给杀了。

努尔哈赤很生气，说你要杀死你亲生的儿子，你还杀死你的后妻，这种人怎么可以做国君呢?

代善不光在生活上惹恼了老爹，而且还在工作方面公然与老爹唱反调。

努尔哈赤的对外政策非常明确，即铁蹄加马刀，代善却告诉老爹和平万岁!

老爹早就看朝鲜人不顺眼；代善却跟朝鲜国王对天发誓，搞睦邻友好。

朝鲜将军跟努尔哈赤摆谱，把努尔哈赤惹急了，要杀他们，代善跟老爹说：“你忍忍吧。”

朝鲜士兵戏弄满族妇女，努尔哈赤将其法办，代善怪老爹太冲动，“早让他们回家，不就没这事儿了。”

这些事情使代善在民众和努尔哈赤心目中的威信大跌，也就失去了争夺大位的资格。

随着褚英的倒台、代善的雪藏，后金内部有资格继承老爹的人选也就越来越清晰了，他们分别是除代善外的三大和硕贝勒：阿敏、莽古尔泰、皇太极，以及四小和硕贝勒：阿济格、多尔衮、多铎、济尔哈朗。也就是努尔哈赤建立的“八和硕贝勒共治国政”成员。

二贝勒阿敏虽然是除代善之外最年长的一位，也是努尔哈赤最喜欢的一个侄子。但他老爹舒尔哈齐政治犯身份以及血缘的亲属问题，注定着阿敏这辈子只能成为努尔哈赤一家子的打工仔。

三贝勒莽古尔泰，说他之前不得不提一提他的母亲——衮代。努尔哈赤和衮代其实是半路夫妻。如果按辈分排的话，努尔哈赤先前还要叫衮代一声“嫂子”。

在衮代的前夫即努尔哈赤的堂兄戚准病故后，努尔哈赤按照女真当时社会的习俗将其娶了进门，而此时也正赶上努尔哈赤的原配正妻病逝，所以，刚刚进门的衮代也就顺理成章地做了大房。

当了大房的衮代除了为努尔哈赤持家以外，还给他生了两个儿子和一个公主，其中一个就是莽古尔泰。

随着努尔哈赤事业不断做大，身边的女人也多了起来。这时的衮代已经是年老色衰。可能是寂寞难耐，也可能是不甘失宠，衮代居然在家中搞起了政变。这必然会惹恼努尔哈赤，结果在当了30多年的正房后，衮代被努尔哈赤一纸“离婚协议”“净身出户”。

莽古尔泰的母亲我们就先说到这里，接下来我们说说莽古尔泰。

莽古尔泰这个人简单来说就是好勇斗狠、傻了吧唧，而当一个“坏母亲”遇到了一个“傻儿子”，又会碰撞出怎样的火花？

结果就是，为讨父亲欢心，莽古尔泰一路狂奔来到姥姥家，把跟了老爹30多年的母亲杀了，之后又一路狂奔，跑到老爹面前邀功。

莽古尔泰无论从行为上还是从智商上来看，都很愚蠢且背弃人伦。而这样的人也就自然坐不上君位了。

现在四大贝勒中只有皇太极一人依然屹立。

而四小贝勒之中，多尔衮当时只有14岁，多铎也只有12岁。两个小孩根本不具备竞争力。21岁的阿济格倒是有点实力，而且生母还是努尔哈赤的大妃阿巴亥。如果靠着母亲在家中的地位，以及两个同母弟弟多尔衮与多铎，他也确实有实力跟几个哥哥闹一下遗产纠纷。

怎料，阿济格还没来得及把这个想法告诉母亲，阿巴亥就被皇太极以父亲的名义拉去给努尔哈赤殉了葬。此时，离努尔哈赤的死还不到一天。没了母亲做靠山，领着两个半大孩子的阿济格立马“瘪茄子”了。

现在 8 个和硕贝勒里有 6 个已经淘汰出局，只剩下来皇太极以及济尔哈朗。不过，这个济尔哈朗不但是舒尔哈齐的儿子，而且他还心甘情愿为皇太极打工。

于是努尔哈赤刚去世，代善长子岳托和三子萨哈廉向代善建议，拥戴四贝勒。代善表示同意。

随后代善携其子找二贝勒阿敏、三贝勒莽古尔泰商量，取得一致意见，然后向各旗主要成员进行通报。

皇太极再三推辞，认为自己能力有限，不能担当大任。双方僵持数个钟头，以皇太极“失败”告终。

明天启六年，即后金天命十一年（1626 年）九月一日，风和日丽，天朗气清，皇太极成为后金的第二位大汗。

皇太极的即位不是用了嫡长子继承法，也没有用所谓的民主选举，而是采取了一种更直接、更能让人信服的——排除法。

陛下，请管好自己

皇太极荣登后金汗位的第二年，即 1627 年，崇祯也意外地成为明朝的皇帝。

兄终弟及的事，后金当时可以有，大明本来不可以有，但特殊情况下还是可以有的。崇祯就是接哥哥的班，成了一国之君，至于为什么，就要从头说起了。

明朝传到崇祯手里，已经建立了近 260 个年头，国家早已经形成比较完备的管理制度。其中有一条就是嫡长子继承制，关于这个制度，前面已经讲过。也就是说，即使是皇帝本人，也不能随着个人偏好随便更改太子的人选，因为下任的人选牵涉各方面的利益，是和平年代文官武将们政治投机的主要手段。在这件事上，一个不小心，就会闹出乱子。

如果把整个国家比作一个公司，皇帝比作董事长，大臣比作公司的董事，那么对于大明公司来讲，董事长只是公司象征性的代表，不需要多么有能力，公司也不是一切围绕他来转。公司注重的是由基层到高层管理团队之间的协调运作。

在这一点上，明朝和后金有质的不同。后金建立时间比较短，领导者从现任领导者亲属中选出，可以是现任领导者的兄弟、儿子，甚至侄子都行。

在后金，他们强调领导者的个人能力，有能力和威望才可以担任大汗。后金政权最高一级组织由 8 人组成（八大和硕贝勒），大汗由这 8 人推举产生，这 8 人和大汗一起打天下，并且获得相应分红。

以上两点，是大明和后金在政治结构上的主要区别。也就是说，大明的董事长不必非常强悍，因为有一套完备的制度和组织机构来保全大明江山不出问题。而后金不同，后金刚刚成立，董事长必须非常强悍才能服众，才能确保“公司业务”持续扩展。

万历的心思

1611 年，朱由检（也就是后来的崇祯皇帝）降生，排行第五。按照大明的继承制度，朱由检是没有资格继承皇位的。

但是造化弄人，明朝当时发生的一系列事情，最后促成朱由检与原本平行的皇位道路产生了交集，并一直重叠到他人生的终点。

朱由检的父亲叫朱常洛，是万历的大儿子，但却不是万历正室所生，按照传统，朱常洛具备长子身份，但却不具备嫡出的身份，他不应该是太子的人选。

可他却十分幸运，万历正室没有生子。

按照我们上面介绍过的嫡长子继承制，他是合法继承人。

但万历却不这么想，究其原因，还得从朱常洛的母亲说起。

1565 年，家住张家口怀安县左卫的锦衣卫百户王天瑞喜得千金。在王小姐 13 岁那年，王天瑞利用职权，托关系、走门子将女儿塞进了皇宫。之后王小姐被分到了太后那里，当起了宫女。

父亲在宫外保护皇上，女儿在宫内伺候后妃。父女俩都算得上是朝廷的人。虽说伴君如伴虎，但常在皇帝身边晃悠还是有好处的，起码容易受到皇帝“青睐”。在王宫女 16 岁那年，与常来后宫探望母亲的万历皇帝发生了“一夜缠绵”。事后，万历皇帝非常遵守“游戏规则”，提上裤子就走，以后大家谁也不认识谁。

不过，10 个月后，万历却潇洒不起来了。

王宫女给他生了个儿子——朱常洛!

对于万历来说，生几个儿子倒无所谓，生出来就养着呗。

真正让他头疼的是，一个高高在上的皇帝偷偷临幸小宫女，这事传出去，那些官员们会怎么想？后宫的妃子们又会怎么想？

所以说，什么长子为贵，什么母凭子贵，在万历那里都是被免疫的。王宫女在万历眼中除了能降低他的身价外，无法勾起万历的一丝兴趣。因为此时，皇帝把“真爱”全都给了小老婆郑氏。

郑氏不但人长得漂亮，还聪明机灵，而且喜欢读书，敢于挑逗万历，甚至当面指出万历的缺点。

因而郑氏 14 岁时就成为万历最喜欢的女人，当时万历 19 岁。

万历与郑氏所生的儿子叫朱常洵，这个小家伙长得很可爱，加上母亲的缘故，颇得万历的喜爱。因此万历就产生了让朱常洵接班的意思。

大臣们很快就觉察了万历的这个想法，为了维护这个嫡长子继承制，大臣们和万历展开了 10 多年的拉锯战。

首辅申时行率先出招，请求万历应以祖制为依据，确立朱常洛为接班人。万历以朱常洛年龄太小不能担当大任拒绝了。

之后万历想提高郑氏的地位，使其有仅次于皇后的地位。遭到大臣们的一致反对。大臣们纷纷写报告请求确立朱常洛为接班人，将朱常洛的母亲与朱常洵的母亲地位同时提高。

万历表示反对，结果万历的母亲也过问了此事，狠狠地批评了万历，这样万历只能暂时打消这个念头。

双方僵持了 4 年，到万历十八年（1590 年），北京地区的官员联合上

奏章，请求朝中大臣向万历施压，尽快确立朱常洛为接班人。

万历十九年（1591 年），朝中四大老臣提交了辞呈，理由是无法向朝廷交代。

这种情况下，万历只好澄清自己没有要改变祖制的意思，同时提出未来一年如果没有大臣为这事儿打扰他，在下年就可以确立朱常洛为接班人。

这个事件不久后，有个官员着急，提醒万历为确立接班人早做准备。万历以违反前面约定为由，推迟确立接班人。

万历的变卦更加激起大臣们的不满，于是他们集体上书希望万历早点确立接班人。这么多官员的上书最终迫使首辅申时行辞职。

至万历二十九年（1601 年）十月，万历才迫于无奈，确立朱常洛为继承人。

万历与大臣们的隔阂，使得他和郑氏郁郁寡欢，以至于他自己无心打理朝政，整天待在宫中达 25 年之久，成为紫禁城第一“宅男”。

但是郑氏似乎并没有放弃对皇位的追求。

明末三大案

万历四十三年（1615 年）五月初四，一个名叫张差的男子手持木棍闯入朱常洛居住的慈庆宫，并打伤门卫李鉴，然后很快被制服，送交司法机关。

经过审问，显示万历的最爱——郑氏与此案有关。

郑氏见东窗事发，哀求朱常洛。朱常洛也请求皇帝快速了结，加之万历宠信郑氏，除了张差被处决外，此案不了了之，一些主张继续追查的大臣后都受了轻重不等的处分。

这就是明末著名的“梃击案”。

万历四十八年（1620 年），在萨尔浒战役失败的第二年，万历去世了，朱常洛登基，即泰昌帝，明光宗。

朱常洛由于纵欲过度，刚做皇帝 5 天就不停拉肚子，而且很严重。朱常洛吃了一位与郑氏关系密切的太监崔文升所给的药，结果更严重了。

李选侍（西李）以照顾皇长子朱由校为由住进乾清宫。

八月二十九日，鸿胪寺丞李可灼献上一颗红色的药丸，朱常洛吃了后，感觉好点了。黄昏后又吃了一颗，不久竟然死去了。

以上为著名的“红丸案”。

紧接着朱由校被大臣们从乾清宫抢出，住到了慈庆宫。

那位一直抚养朱由校的李选侍（西李），竟被逼得住到了类似冷宫的哕鸾宫去了。这就是所谓的“移宫案”。这样，朱由检的哥哥朱由校，作为合法继承人登基，即天启帝，明熹宗。

朱由校上任后，刚开始喜欢跟从小就失去生育能力的仆人们玩捉迷藏，后来沉迷于木匠的角色，对建筑艺术的追求使他放弃了一个皇帝的责任。

一个非正常男人和一个老女人

大太监魏忠贤在朱由校沉迷于艺术之中的时候，权力越来越大，甚至能代表皇帝发布命令。

魏总管与朱由校的奶妈客氏的合作，让整个皇宫笼罩在恐怖的阴影之下。

朱常洛的妃子赵氏，被逼自尽。

据说这位赵氏接到赐她自尽的诏书后，便把朱常洛奖励给她的那些东西放在桌子上，面向礼物，放声大哭，最后上吊自杀。

朱由校的妃子张氏，也被魏忠贤软禁起来，不给她吃的。这位可怜的张氏，在饥渴交加之下，只得趴在地上喝屋檐上滴下来的雨水，最后被折磨而死。

朱由校的另一个妃子胡氏，最得朱由校宠爱，魏忠贤竟然趁熹宗外出参加活动时将她活活打死，没有一个人敢出声。

不过，有一位妃子李氏，竟然凭自己的聪明逃过了魔掌。这位李氏为另一位蒙冤失宠的范氏鸣不平，魏忠贤、客氏知道之后，也把李氏关起来。

不过，李氏预先在关自己的房子的檐瓦之间存放了食物，得以充饥。

魏忠贤把她关了半个月，见她竟然没被饿死，只好放她一马。

过去的人很迷信，半个月还饿不死的人，不是神就是鬼了，或者有神鬼帮助，这样的人还是不要惹了，魏总管晓得自己做了多少亏心事。

朱由校的皇后张嫣，也因多次在皇帝面前说魏总管的坏事，遭到魏忠贤和客氏暗算而流产，自此再未生育。

魏总管与客氏亲密合作，朱由校所生的儿子无一生存，好在朱由校还比较年轻，生孩子的机会多的是。

天启七年（1627年）八月中旬，宫廷传出天启帝朱由校病重的消息。到了八月十八日，皇帝的病情恶化眼看要不行了。

这下麻烦了，皇帝无后。

魏忠贤与大臣们商议，能否用“垂帘听政”的办法应对。阁老施凤来认为此举不妥，便说：

居摄远不可考，且也学他不得！

意思很明白，就是不行，而且群臣也一致要求信王朱由检进入皇帝寝宫看他的哥哥。

现在很多人觉得魏忠贤把天启帝朱由校的孩子都杀死，是因为他自己想做皇帝，其实这是不可能的。

明朝建立近260年，已经形成一套比较成熟的管理制度。作为皇帝身边的一个主管，虽然可以借皇帝的名义在朝中横行一时，但终究摆脱不了被踢出局的命运。

这就好比一个大公司的财务主管，他可以掌控公司财务，甚至架空董事长，但他没有实力控制整个公司。因为公司体制在，广大股东以及董事会成员在。董事长也要让他们三分，更何况一个小小的财务主管。

明朝的宦官和汉朝不同。东汉末年的宦官可以想让哪个皇子做皇帝，就让哪个皇子做皇帝。而明朝不同，明朝的控制权，掌握在由高级知识分子组成的群臣手中。再厉害的宦官，也没有能力破坏已经运营这么久的体制。

很多人把明朝的灭亡推到这群“非正常的男人”身上，显然是很不公平的。

这就像一个公司倒闭了，大家都去责怪董事长办公室主任一样好笑。

天启七年（1627 年）八月底，信王朱由检登基，即明思宗，崇祯皇帝。

新上任的崇祯皇帝，慢慢显露出了老朱家的骨血，三下五除二就解决了魏忠贤，并且进行了一系列的改革，精简机构、减少朝廷驻各省办事处的接待人员是其中的一项。

崇祯的“裁员”

不论是国家还是企业的裁员，或者说是瘦身，都与事业的成败有着密切关系。

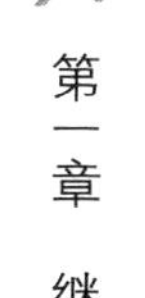

但是如果遇到资金紧张就裁员，以为裁员是“脱贫”的不二法门，那就大错特错了。大明的命运正好说明这一点。

朱元璋建立明朝之后，将自己的 9 个儿子分封为王。他等他们到了一定的年龄，就分给他们一些封地，并且还给他们建造宫苑，并配备大量侍从，让他们只获得领地的收益，但不参与这个领地的管理。

这也成为明朝的一种制度，为大明历代皇帝所继承。

这在朱元璋时代甚至明朝前期，都是一个不错的举措。他的这些子孙，除了做皇帝的那个之外，只享受各种福利，不参与国家的管理。

也就是说，只要这些皇子们不做“皇帝梦”，不涉及朝政，就可以过上无忧无虑的富足生活，一辈子不用为钱发愁。

这对稳定皇权以及政权都产生过积极意义。

看来这是一件充满智慧的举措，不过这也只是看起来很美，特别是后期。

在明朝的法律里，这些王的爵位是可以继承的，加上他们生活条件比较优越，况且多生子是他们的义务。这样到明朝后期，朝廷负担越来越重，在明朝灭亡的最后几年，享受这种待遇的人超过 10 万。当时明朝年总收益 1500 万～ 2000 万石，而付给皇帝亲戚的支出却达 800 万石。明朝收益的 30% ～ 40% 竟然被他们消耗。

崇祯继任皇位之后，面对这样的财政危机，毅然决定——“裁员”。

但是面对明朝几百年的惯例和朱元璋定下的规矩，他裁员的手有些转移了，裁来裁去还是绕开了这消耗最大的一群人，把巴掌拍在了基层人员的头上。

这一裁员，公司是节省了不少开支，但影响很大的是各个分支联络点（驿站）的接待水平也相应降低。

本来很多地方政府的负责人依靠此接待机构谋福利，他们可以免费吃住，甚至家人朋友也可以包进来。这下他们的福利没有了，引起不满。

要命的是，下岗后的驿站接待人员，迫于生计，很多沦为抢劫犯，严重危害了当地社会的稳定。

更为要命的是，李自成就在这个精简行列之中。

后来李自成起事，再后来自己组建政权，成了明朝强劲的对手。这看似偶然，其中也蕴含必然的因素。

崇祯接手的明朝却是一副烂摊子，朝廷内部争斗不休，更重要的是负债累累。外部的后金又虎视眈眈，不断攻城略地。在这种情况下，崇祯想直奔主题，大手笔地进行机构调整，显然不现实。

明朝和后金新领导者上任后，都暂时停止争夺地盘，专注于内部整顿。总之大家都憋着一股劲，要争取在下一轮竞争中将对方吃掉。

从“下岗”驿卒到命案在身

万历三十四年（1606 年）八月，李自成出生。

他的祖籍在甘肃太安里，也有人说是山西永和石楼。后来他的祖先把家迁移到陕西米脂李家店，以前这里曾是西夏人（李继迁创建）的一个分支所在。

再后来，李自成的爷爷李海因为生计原因，把家迁到米脂的长峁村。李自成出生后家境没什么改变，依旧贫穷。

无定河养育了肥美的水草，非常适合放牧。李自成的父亲便为儿子找个放羊的工作，收入不多，总算有点正事儿干。李自成一边放羊，一边在河边练习武术。

李自成老家李家店石灰烧制和煤炭工业已经有上千年的历史了。放羊之余，李自成总喜欢到附近的冶炼厂，找一些工人师傅切磋武艺。后来发现有个叫刘宗敏的武艺不错，两个人很快成为好朋友。

李自成和刘宗敏成为好朋友后，有时候练习武术累了，也会说起女人。但是两个人都很明白，像他们这种家境和收入的，想娶个美女很难。

当时的陕北比较乱，李自成凭借自身武艺，多次保护了老板的财产。老板也很够意思，在李自成的父亲死后，通过关系给李自成在当地找了个活儿。

他的工作是负责银川驿文件的发放、整理等。虽然家里一直闹饥荒，但因为有了份稳定的工作，李自成很快也就结婚了。

可是好景不长，他成了崇祯裁撤驿站中被裁的一员。失业后的李自成回到家中，缺乏生计，后来就借了一个姓艾的举人的钱。因为还不起，被人家告到了米脂县。县令晏子宾将李自成杖打了一顿，然后拉去游街。

好在李自成平时认识不少讲义气的朋友，他们劫狱将李自成救出。

到了年底，李自成找个机会把艾举人给杀了。

由于失业，加上他又是个吃过牢饭的人，李自成的手头越来越紧。他的老婆韩金儿，与同村一个叫盖虎的人发生奸情，李自成一怒之下把老婆也给杀了。

两条人命在身，李自成和他的侄子为了躲避明朝的处罚，只好跑到甘肃甘州投军，后在兵变中起事，开始与明朝抗争的生活。

历史就是这样奇妙，当崇祯和李自成的人生第一次出现交集时，他们是同事，崇祯是老板，李自成是员工；当他们的人生出现第二次交集时，他们是敌人，崇祯代表大明，李自成代表大顺；当他们的人生出现第三次交集时，他们依然是敌人，崇祯代表失败的一方，上吊自杀，李自成代表胜利的一方，将崇祯的财物照单全收。

第二章　新政之争——皇太极对阵崇祯

争夺明朝人的心

皇太极继位时，后金已经将作战目标对准整个东北地区。皇太极的身价一夜之间就挤进亚洲前十。

虽然如此，后金在当时也存在严重的问题。由于努尔哈赤后期的“铁血政策”，手下人跳槽的、辞职示威的越来越多，严重影响了后金的正常运行，使后金很多到手的地盘丢失。

努尔哈赤时期，对明朝人非常仇视，曾在攻城略地之后实行武力压服政策。

天命四年（1619 年）萨尔浒争夺战之后，后金攻下开原，开原的明朝官吏遭殃。

抢占铁岭、辽阳等地方之后，当地明朝的很多官吏也丢掉了小命。

没有被杀害的明朝官吏，多数做了后金人的仆人，不但没有工资，而且还有生命危险。主人不高兴了，打你，甚至打死你，你也只能怪命不好。

努尔哈赤的这种措施，激起很多受压迫的明朝人的反抗。

天命六年（1621 年），金州有几个知识分子聚集在一起，试图搞垮后金。

还是这一年，镇江（今辽宁丹东附近）陈良策挑头对抗后金，绑架了后金的佟养正，把他送给了明朝。

镇江下属的汤站、险山两个地区的军队，也纷纷闹事。

天命八年（1623年），复州的11000多人的军队，集体跳槽，转投明朝。

针对这些跳槽和抗议事件，努尔哈赤采取了“以暴制暴”的方式。对于抗议后金规章、试图跳槽的人员格杀勿论。

以暴制暴的结果，只能是增加仇恨，埋下新的暴力种子。

更加不幸的是，皇太极继位半年后，发生了金融危机。

随着领土不断扩大，领土内的汉族人也越来越多，怎么管理这批人，维护社会稳定，成了急需解决的问题。

皇太极制定了一系列规章制度来保护多数人的权益。

皇太极重新修订和颁布了《离主条例》，一共6款，包括不准后金人随便殴打和杀害汉族人，不能随便调戏汉族人的媳妇。

“离主”就是缺乏自由的后金的杂役和高管的仆人们，如果受到“主人”的迫害，他们可以向负责此事的部门申诉。

经过调查，如果情况属实的话，申诉的人就可以成为自由劳动力，同时违反纪律的后金人，也会受到相应的处罚。

这样后金从制度上保护了广大的治下其他人口的安全，提高了他们的地位。同时他们的家属也不需整天担惊受怕了。

需要指出的是后金杂役和员工的人身安全，只是有了一定的保障。

要知道制度规定跟执行是两回事，但这已经是好的开端。

恢复杂役和仆人的人身自由后，皇太极让他们自由生活，不再像以前让他们集体劳动。

为了防止后金人欺负这些汉族人，皇太极将他们与后金人分开居住，让一些正直的原明朝官吏领导他们，用现在人比较容易理解的话就是“明人治明”。

成为自由身之后的明朝人，工作十分积极，远离后金人的骚扰，他们的生活也有了更多的保障，他们对后金的认同感也更强了。

同时，皇太极减轻对于跳槽人员的惩罚，这跟他父亲对于跳槽人员的态度截然不同。规定凡是从前有意私自跳槽，或者与明朝暗地来往的，即使被人揭发，查证属实，政府也不予追究。政府以后只对正在跳槽和已经跳槽的员工，进行封杀。虽然计划跳槽，但还没有实施的人，只要放弃努力，也不会得到处罚。

后来，皇太极又规定，凡是跳槽的人，政府也不再追加处罚，只是以后不准再回后金。

兼并明朝地盘之后，获得更多的“新后金人”，皇太极并没有歧视他们，而是将他们分成一个个小组，进行生产。

对于工作卖力的人，皇太极还帮助他们找老婆，同时给一定的物质奖励。

皇太极对于投奔自己的汉族、蒙古族军民人等，同样对待，没有偏心，这样后金的秩序很快就稳定了下来。

当然，作为一个英明的领导者，皇太极自然明白，一个政权要想获得更大的发展，必须建立一个强大的管理层。

如何发挥归顺自己的明朝官吏的作用显得尤为关键。于是皇太极制定了一系列笼络他们的政策，并给他们优厚的待遇。

皇太极的“糖衣炮弹”

早在努尔哈赤建立后金政权时，就很重视拉拢明朝的官吏。通过各种手段收买他们，希望他们支持或者加入后金。

天命三年（1618年），努尔哈赤攻下抚顺后，就成功地说服抚顺将领李永芳，使他成为第一个加入后金的明朝官吏。其到后金后，做了总兵，并且还娶了努尔哈赤的孙女。

后来，后金又多了一名新成员，他就是后来鼎鼎大名的范文程。

范文程老家在江西，后来由于他的祖先在沈阳服兵役，家也就迁到了沈阳。他的曾祖父曾经任兵部尚书，他的爷爷担任过沈阳卫指挥同知。

但是到范文程的时候，他的家族已经衰落，这位富家子弟混到18岁，才考取秀才，心情自然是十分郁闷。

抚顺被攻下时，本来范文程就要小命不保，可是范文程遗传了祖先的基因，长得高大威武，这点努尔哈赤很喜欢，就把范文程安排在后金做了一名杂役。

很多人认为范文程因为混不下去了就主动跳槽到后金那里。背叛在什么时候都是不光彩的事情，人们对他的变节十分愤怒，所以，也就难以理智地看待他的所作所为。

然而事实上，作为名门之后的范文程，受了多年明朝文化的熏陶，他背叛明朝的概率应该是很低的。据一些史料记载，范文程成名后，依然称自己的骨头是大明的骨头，身体是大清的身体。

努尔哈赤时期，后金还处于草创阶段，努尔哈赤虽然也提出了一些优待明朝官吏的措施。但是那时忙于生存，文职人员需求量不多，质量也没有特别要求。

所以对于投奔后金的明朝官吏，努尔哈赤大多分给自己的亲戚管理。这样一来，明朝官吏们时常遭受打骂，财产和家人的安全也没有任何保障。他们还不能拥有座驾，生活水平时常处于温饱线之下。更不用说得到后金的重用了，连李永芳做了努尔哈赤孙女婿，也得不到后金人的信任。

天命八年（1623 年），复州的原明朝官兵又集体回到了大明怀抱，努尔哈赤打算对他们采取严厉措施。为了慎重起见，李永芳建议先调查清楚，然后再采取措施，不要产生冤案，打击其他人的积极性。

不久，消息得到证实，努尔哈赤很生气，狠狠地批评了李永芳一顿。

努尔哈赤说：当初在抚顺的时候，看着你不错，挺聪明的，就把我的宝贝孙女嫁给了你；凭着上天的保佑，我的后金发展越来越大，你们这些明朝人不相信我可以在东北站稳脚跟，你们一直都很看不起我，觉得我出身不好，但是，为了后金的声誉，我不打算处罚你，但是你要知道，我很生气。

事后，李永芳被撤销相关职务，虽然后来又恢复了职务，但是已经得不到信任了。

皇太极担任最高领导以后，情况就不同了。后金已经初具规模，领地已经扩大到草原和东北，因此对于文官的需求量越来越大。于是皇太极不得不出台一系列措施来拉拢明朝的文官。

皇太极对于明朝官员是来者不拒，不论出于何种情况（做间谍的除外），只要前来投奔，他都愿意照单全收，并制定具体的政策，保护他们的利益：

在明朝什么职务，来到后金保持不变；

一般官吏，除掉自己的上司来投奔的，根据贡献大小确定职位；

一个人来投奔的，发一定的补助；

带着多个人来投奔的，根据贡献大小，确定职位。

后金对于投靠的明朝官吏，一律给予优待，不但给房、给车，还帮助找老婆。有一定社会资源的高官，待遇更加优厚。

来到后金后，首先要举行一个欢迎仪式，接着发给各种礼品、奖金和生活用品。房子、车、仆人均配备齐全，然后分配官职。工作开展后，皇太极会亲自请他们吃饭。

后金兼并大凌河之后，有100多名明朝的官吏加入，皇太极很高兴，举行宴会，欢迎他们。

皇太极亲自向这些人保证，虽然现在后金的资金还不很雄厚，但是他一定会全力给大家创造一个舒适的环境。

皇太极说到做到，特意从储备中拿出很多东西，如貂皮大衣、贵重布料、金银等，分给他们。这100多人配有1000多个仆人，313头猪，还有大量的房子和土地。

范文程也借助皇太极的政策，职位升得好像坐飞机一样。

范文程在1618年投奔后金，共混了8年，虽然也从一个杂役变成了文秘，但那只是一个无关紧要的职位，根本接触不到后金的核心机密。

皇太极上任之后，很快就提拔他参加智囊团，参与后金核心政策的制定，范文程一跃成了皇太极身边的“机要秘书”。

皇太极从来不直接叫范文程的名字，总是尊称他的职务。大事小事，皇太极都要找范文程商议，后金官吏报告有不合适的地方，皇太极一般让他们找范文程看看。

只要范文程看过的报告，皇太极都没有意见，全部批准。范文程起草的报告，也十分合乎皇太极的意思，后来凡是范文程提交的报告，皇太极干脆不做任何修改。

范文程经常被叫进皇太极的住所，两人一谈就是大半天。有时候范文程刚出来，又被皇太极叫回去，接着谈工作。

范文程陪着皇太极吃饭，是常有的事。皇太极的伙食自然不差，有一次范文程想起自己的父亲来，迟迟不肯下筷。

皇太极明白他的心思，就把桌上的饭菜打包，原封不动地派车送到范文程的家中，让他的父亲享用。

那么作为“皇太极第一秘书”的范文程，能否入选中国古代十大秘书呢?

从《清太宗实录》这本皇太极每日记录看，范文程在刚担任皇太极的秘书时，文笔实在让人不敢恭维，语言表达不够高雅，并且有时意思也表达不清楚。

从当时后金实力还比较弱小的情况来看，范文程直接攻打北京的建议很大胆，但也说明当时的范文程很不成熟。

从当时范文程起草的文件皇太极都喜欢的事实看来，也可见范文程的语言不够水准。皇太极毕竟只学了一点汉语，太高深的，估计读不了。

后来经过多年的磨炼，范文程的计谋、文笔已经非同寻常了。但是由于当年基础太差，所以很难角逐中国古代十大秘书的评选。

皇太极对大明的“挖墙脚”为后金未来的发展打下了坚实的基础。

值得注意的是，李永芳、马光远、孔有德、尚可喜、耿仲明等在大明业绩一般、职位不高的小人物，投奔后金后，却为后金开疆扩土，取得了不小的成绩。

可见小人物的作用也不能忽视，一套好的奖励机制多么重要!

崇祯那边一直在裁减这些小人物，而皇太极把这些小人物当成宝贝。从这轮较量上，他们已经分出了高低。

收服蒙古各部

整理内务的同时，皇太极开始积极推动与蒙古的进一步合作。

早在皇太极的父亲在任的时候，就通过与蒙古各部结成亲家，送红包、礼品来拉拢他们，建立共同对付明朝的战略关系。

但是努尔哈赤也知道，没有永远的朋友，只有永恒的利益。蒙古一些部族常常在后金与大明打仗的时候，背后捅一刀子。

努尔哈赤晚年为了惩罚科尔沁部，由于劳累和伤病，死在回来的路上。

这跟后金的实力有关，当时后金处于草创阶段，力量还比较弱小。

当时努尔哈赤与蒙古的合作主要是通过向老天发誓来实现。大家都对老天负责，两家井水不犯河水，换句话说就是谁也管不了谁。

皇太极上任后，通过一系列改革，后金的实力有了很大提高，后金逐渐具备控制蒙古各部的实力。

于是皇太极就想改变以前两家对老天负责的合作方式，那样太不可靠了。皇太极希望将蒙古收到后金的旗下，并规定好双方的义务和责任。

如果蒙古没有履行自己的责任和义务，那么就要进行违约处罚，如缴纳一些马、牛、羊什么的。

蒙古个别有实力的分部，当然不干了。皇太极对于不同意从属后金的蒙古分部采取打拉政策，进而分化、兼并他们。

天聪二年（1628 年），皇太极实施对蒙古察哈尔部的兼并。

蒙古科尔沁部首领奥巴参与了这次战斗，他让手下的员工任意抢夺察哈尔部的财物，却拒绝与后金人会合，保持一致行动。

仗打完后，奥巴也不打个招呼，自己就回家了。

皇太极很生气，派索尼、阿朱户两个人到科尔沁兴师问罪。

两人随身带着皇太极的亲笔信，信中严厉谴责奥巴违反双方的协议，并且将以前科尔沁部的种种不友好行为一一列举出来：

如试图攻打叶赫部；努尔哈赤死了后，迟迟不来吊唁，两个月后才派个小官员前来，明摆着是看不起后金。

去之前，皇太极交代索尼二人，到了他那里，见了奥巴，不要跟他客气，不许跟他握手，不吃他的饭，不要给他好脸色，还要装出要走的样子，看他怎么办？

索尼、阿朱户二人到了科尔沁部，直接带着礼物去见了奥巴的老婆，也是努尔哈赤的侄女。

奥巴当时脚有病，不能随便走路，听说后金来人，马上让人扶着去见他们。

索尼二人见奥巴来了，也不理他，只是冷冷地说道："我们是大汗派来的，你们这么没有诚意，我们决定与你们取消合作，因为要看望大汗的姐姐，才到你这里。"

奥巴立马安排酒宴，表示歉意。两人却气哼哼地要走。

奥巴急忙让他的儿子追赶，并且询问："以前后金派人来，都跟我很客气，安排酒宴也从不拒绝，现在是不是大汗生我的气了？"

索尼回答："我们是来看望大汗的姐姐的，不是来看你的，所以没有必要跟你客气，也不准备吃你的饭。"

说着就把皇太极的信塞给了他，准备驾车离开。

奥巴看了信，非常害怕，再三挽留索尼两人，并且不停地赔不是，解释道："都是自己太贪心，一时犯了混，我一定亲自到大汗那里道歉，这点脚伤算不了什么，就是死在路上也要去。"

索尼看话说到这个份上，就不紧不慢地说道："大汗没有交代我们让你去道歉，也没有说让我们阻止你去，去还是不去，你自己好好考虑吧。"

奥巴连忙说："我非去不可，可是他不见我怎么办？"

索尼便回道："你如果真心实意去道歉，他是不会怪你的。"

奥巴急忙向索尼两人表示感谢，接着推着两人来到饭桌前，索尼两人也就不再拒绝他的好意了。

饭后，奥巴保证一定尽快去赔不是。索尼两人也喝得差不多，当场拍着胸脯保证，奥巴可以等脚伤好了再去，皇太极他们可以搞定。奥巴感激涕零，亲自驾车将两人送了好远，并将索尼两人的车中装满土特产。

第二年一月，奥巴脚伤还没有完全好，他就吵着要去沈阳见皇太极。

听说奥巴要来，皇太极到距离沈阳 5 公里的地方热烈欢迎这位堂姐夫，随后举行盛大的宴会庆祝。

吃完饭，皇太极派了一位高官来到奥巴住的地方，再一次列举奥巴违反协议的事情。

奥巴这次承认错误的态度比上次还好，表示愿意交出牛车 10 辆、马车 100 辆作为惩罚。

皇太极见奥巴认错态度这么好，不但没有罚奥巴，而且还送给他很多礼品。奥巴走时，皇太极安排后金高层把他送到沈阳的郊外。

从此奥巴坚决拥护皇太极的指示。

对于愿意加盟的蒙古部，皇太极都很慷慨地送给他们很多东西，金钱、美女、好车，皇太极从来就不吝惜。

当时蒙古各部与后金缺乏生活必需品，皇太极每次得来生活必需品总要分给他们一部分。

蒙古部在和明军的战斗中获得的众多好东西，皇太极只是象征性地要一点。

每次蒙古部来觐见时，皇太极都热情地款待他们，并且送给他们很多礼物。

皇太极也知道光靠感动他们是不行的，必要的时候还是要采取一些强硬措施。

对于屡次跟自己过不去的察哈尔部，皇太极进行了严厉打击。

同时为了防备蒙古各部竞争能力的增长，皇太极刚接班就制定了针对蒙古部的“武器禁运令”。

除了政府行为，其他人不准私自将弓箭、刀枪送给或者卖给蒙古各部；

后金各个军队也不能私自将上述物件卖给蒙古各部派来的人，包括已经加盟的蒙古人；

如果要给他们武器，必须向上面报告；

违反上述规定的，按照制度处罚。

这些规定的意图很明显，就是限制其发展。可见保持自己的技术优势是必须的，再亲密的合作伙伴也需要留一手。

对于想和明朝合作、不愿加盟后金的蒙古部，皇太极除了打压外，还通过分化瓦解，破坏他们与明朝的合作。

皇太极通过书信、喊话等方式对蒙古各部进行宣传。

大明一直欺负我们，大明反掉了你们的祖先，伟大英明的成吉思汗的功业和大元王朝。我们应该联合起来，共同对付这个一直看不起我们的大明王朝。

皇太极的这招很管用，很多蒙古部官员和民众纷纷投奔后金。

由此可见，处理好不同生活习惯的人之间的矛盾，对于维护政权的稳定相当重要。借助地缘、亲缘强挖人才，这招也挺好使的。

崇祯——试图中兴

皇太极接任后金领袖的第二年，也就是1627年，崇祯也意外地成了明朝的皇帝，那年他才16岁。

上任后，崇祯是饭也吃不下，觉也睡不着。先是收拾了以魏忠贤为首的小集团，紧接着进行一系列改革。

惩治腐败和贪污行为

针对财政紧张的局面，崇祯提出了“文官不爱钱”的口号，号召大臣们主动降低自己的薪水与朝廷共渡难关。

崇祯刚一提出这句口号，负责监察的韩一良就上了奏疏。

他指出，目前朝廷贪污腐败行为十分严重。韩一良结合自己的工作经历，历数了官员的贪腐内幕。

买一个正职一般要花五六十万钱，一个副职要花二三十万钱，各个部门职位都是明码标价，童叟无欺。

花钱买了职位，上任后自然就拼命从老百姓身上捞钱，以至于朝廷贪污行为，越来越严重。

因此韩一良建议必须采取严厉的惩罚措施，才能使风气得到改善。

最终，崇祯的反贪效果不明显，这与崇祯的前辈制定的工资制度有很大关系。

明朝的创始者朱元璋，早年做乞丐吃过不少苦。即使做了皇帝，也很不喜欢富人。因此，他给官员们开的工资也是非常少。

为了防止大臣贪污腐败，明朝创立都察院，但是它的地位很低，常常受到其他部门的轻视。

为了显示自己的作用，都察院的员工常常夸大事实没事找事，常常引起各个部门的联合抵制，这样朝廷的内耗越来越严重。

裁撤各地的接待人员

为了传递朝廷文件和方便调任的官员，明朝在全国各地设立了很多驿站。时间长了，很多大臣就将接待证卖掉或者送给亲戚朋友，甚至违反接待制度，享受超越自己级别的待遇，敲诈驿站人员。这样每年朝廷都要花费巨额的接待费用。

崇祯二年，都察院一个员工刘懋，向崇祯打了个报告。指出现在各地的驿站屡次进行整顿，但是都没有效果，只有进行瘦身了。

崇祯深有同感，就指示刘懋大胆地干，并把他的工作进行调动，主抓各地驿站裁撤工作，规定以后差旅费的报销就找刘懋，各地来北京办事的接待费用也要找刘懋报。

干了一段时间的刘懋知道自己犯了众怒，只有以身体不好为由，辞掉了所有职务，回到家中养老去了。

崇祯的这项政策又无疾而终了。

皇太极和崇祯这两位新上任的领导者，在改革内政的同时，也都在积蓄力量，希望在下一轮竞争中吃掉对方。为了争取时间，双方都以高姿态接受和谈。

第三章　第三者——朝鲜

麻痹敌人的最佳方式

马拉松考验的是人的耐力和信心。而马拉松式的谈判，多半是因为谈判的双方彼此都没有信心，大家都没有谈出结果的信心。

天启六年（1626年），努尔哈赤去世，与后金有着友好往来的政权纷纷派代表到沈阳去吊唁。

明朝这边的袁崇焕也派傅有爵、田成和李喇嘛等34人组成代表团，前去为努尔哈赤吊唁，顺便祝贺皇太极接任。

杀父仇人派人前来参加葬礼，猫哭耗子，不光是假慈悲，还想刺探对方的情报，这不是欺负人吗？

前面已经讲了，皇太极也是个暴脾气。但是现在身份变了，他代表一个政权的形象，再说他也需要先腾出手来，收拾一下朝鲜，所以，皇太极必须要同明朝休战一段时间。

皇太极不想其他人看笑话，一直对外宣称努尔哈赤是过于劳累病死在工作岗位上，如果反应太强烈，岂不是承认努尔哈赤是袁崇焕这小子给气死的？

皇太极热情地款待了大明派来的代表，不但让他们吃好、住好，而且玩得也够尽兴。

同时不忘让他们看看后金英姿勃发、青春靓丽的将士，舒适的办公和生活环境，以及后金这些年来取得的成绩。

作为中间人的李喇嘛还收到皇太极的大礼——马车 5 辆、牛车 1 辆。

如此热情的招待让傅有爵一行在沈阳流连了将近一个月才回去。

临走时，皇太极派方吉纳、温塔带着 7 个人随傅有爵一行去宁远，回访袁崇焕。随行带着大量当地的特产，还有皇太极的亲笔信。

信上说：

> 袁崇焕先生，您希望结束两家的争斗，派李喇嘛他们来吊孝，祝贺我接任，我很认同您的做法，并表示感谢。
>
> 对于两家和好的事情，我的父亲去宁远的时候，就曾给您写过信，希望您能把我们的意愿转达给你们的皇帝，不过现在我们还没有收到你们的答复。
>
> 希望你们对这封信作出回应，我也将考虑表明我的态度。

后金派人来交流的事，袁崇焕迅速报告给了朝廷。

天启皇帝指示袁崇焕，如果后金的人表现得比较强势的话，就立马赶他们走；如果表现比较弱势的话，就让他们多待一会儿，然后赶他们走。不要轻易答应他们任何条件，也不要惹他们，更不要纵容他们。

袁崇焕按照天启皇帝的指示，很快把后金的交流人员打发走了。也没有接受皇太极的信，理由是，信的封面将“大金”与“大明”并列，有失明朝的颜面。

袁崇焕甚至连信都没有看，就让对方带回，更不用说写回信了。

皇太极并没有因此打消与大明接触的念头，他打算再给袁崇焕写信，商谈两家停止争斗的事情。

这个时候，皇太极要集中精力对付朝鲜，他太需要暂停与大明的对抗，通过谈判牵制大明，从而解除对付朝鲜的后顾之忧。

皇太极让代善、莽古尔泰等开会讨论，重新起草了一封书信，然后派方吉纳等 9 人再次到宁远拜会袁崇焕。

信中皇太极指出两家争斗的根源在大明方面，坚持了他的父亲努尔哈赤“七大恨”对抗大明的方针。

为了表明和谈的诚意，他要求明朝赔偿巨额资金给后金，赔偿后金的经济损失。如果大明不答应他的条件，他就继续实施对大明土地的兼并。

天启七年（1627 年）三月，袁崇焕和李喇嘛各自给皇太极回了封信，并且派杜明忠为代表，随着方吉纳等到沈阳去拜访皇太极。

当时交通主要靠走，通信主要靠手写信，太费时间，这也正是双方所需要的。

袁崇焕在信中写道：

从上次您的来信中，知道您对大明怀有敬意，您愿意停止两家的争斗，使双方得到休息。

老天一定会保佑好心的人，让您的事业发展壮大起来，您的前途不可限量啊！

至于您提出的，过去两家发生的不愉快的七件事，我们也觉得很抱歉。

但那都是一些被朝廷处分的人和一些别有用心的人所做的好事。

这些事情的是非曲直，只有那些已经长眠地下的人晓得。

我想我们的皇帝会忘记这些事，也希望您能理解。

然而在过去的十年中，我们不断受到贵方的挑战，我们的地盘和人口，被贵方抢走不知道有多少，我们的愤怒应该向谁诉说呢？

现在，两家想要和平共处的话，希望您把兼并了的我们的土地返还我们，将已经跳槽的官员遣送回来。

您是个聪明的人，希望您认真考虑，您的一个决定就可能给很多人带来毁灭性的灾难。

我们大明财力雄厚，并不是在乎这些东西，但这是面子上的事，事关重大。

您一边派人来谈判，一边又指向朝鲜，您不要忘了，那是我们的附属国。我们的官员很怀疑您的谈判目的。

希望您拿出行动来证明诚意，不要破坏了两家和平共处的美好愿望。

您在信中说的气话，我就不向我的领导汇报了，但是我们写信往来的事，我们的天启皇帝是知道的。

李喇嘛的信，也是从佛教的角度，希望皇太极停止兼并。

袁崇焕在信中，不但拒绝了皇太极的赔偿请求，而且要求皇太极把兼并大明的地盘和官民送回来。

这摆明是不想和谈了，很难让人接受。

此时后金在全力对付朝鲜，对于大明的宁远地区已经顾不上了。

袁崇焕趁着这个机会，加快对锦州、中左所、大凌河这三个地方的整顿。正在这个时候，皮岛的毛文龙和朝鲜传来加急的报告，说是后金动手了。

袁崇焕急忙派赵率教带着人和钱，跑去增援。但是朝鲜很快就被吃掉了，赵率教只好领着人回来了。

袁崇焕这个时候又要求皇太极撤销对朝鲜的征伐。

皇太极当然不会答应，四月份皇太极又写了封信，一一驳斥了袁崇焕上一封信里的话。并且坚持应先弄清楚谁对谁错，再谈判。同时要求大明必须对后金作出物质赔偿。

这次，皇太极也作出了让步。答应对外宣称后金名义上属于大明，但是不受大明管制。大明给后金的赔偿也可以减半，并且后金将会送一些土特产给大明。

这封信写完，谈判代表就要出发。这时从大明过来的人说，大明正在积极整顿塔山、大凌河、锦州等地，似乎要有新的动作。

皇太极很生气，马上又写了一封信，指责袁崇焕暗地里准备对付后金，没有丝毫和谈的诚意。

袁崇焕也抗议后金攻打朝鲜，双方不欢而散，谈判进入僵局。

十二月份，皇太极对袁崇焕失去了信心，直接写信给已登基的崇祯，呼吁双方展开和谈。明朝这边没有任何反应，这次接触也没有取得任何进展。

和谈中断了将近两年。到崇祯二年（1629 年），皇太极主动给袁崇焕写信，提出恢复和谈。他在信中就征伐朝鲜的事情做了解释，希望不要因为一个“小小的朝鲜”，耽误了两家之间的大事。

为了表示诚意，皇太极作出了重大让步，承认后金为明朝的一部分。

虽然这次也是名义上承认，但已经丢了面子，在当时已经是很大的牺牲了。

当然这主要是对大明起作用，它太认同儒家文化了。后金喜欢儒家这种文化的人，对于低下头就可以得到不少物质回报的好事，是不会放过的。

过了三个月，袁崇焕才回信。信写得很简单，没有提出任何和谈的条件，只是含糊地讲，和谈不是一时半会儿的事。

皇太极却很上心，立马给袁崇焕回信，说赔偿的事可以再商量，后金将对外正式公布自己并入了明朝。

皇太极考虑以前派去的人效率太差，就派了一个叫白喇嘛的前往宁远。可是去了很长时间，还没有回来。

此时又听明朝过来的人讲，白喇嘛被扣下了。皇太极就连写了两封信催促袁崇焕，让他赶快放人。

白喇嘛回来了，带着袁崇焕的两封信，可还是老调重弹。

皇太极很生气，立马写信拒绝了袁崇焕的要求。更让皇太极上火的是，这两三年，皇太极写给崇祯和袁崇焕的信，袁崇焕都给压下了，并没有报告给崇祯。

袁崇焕也很礼貌地回了信，告诉皇太极：和谈这样的大事，自己做不了主，也不是一时半会儿就能完成的。我需要请示皇帝。

和谈最终又陷入僵局。

这也难怪，最初袁崇焕想要和谈，也是为了争取整顿内务的时间。

更为重要的是，对于大明这样推崇儒家文化，而且已经存在两百多年的政权，是看不上后金这样新发展起来的政权的。大明领导层大多不愿意向后金妥协。

但是大明方面现在确实比较困难，需要从策略上作出让步，以争取对后金发动反冲锋。

天启时期，就制定了和谈为辅，灭掉后金为最终目标的策略。崇祯继任后，很快就放弃和谈，转而对后金采取强硬政策。

对于后金来说，和谈也是出于同样的目的。利用一个缓冲，为进攻朝鲜做准备。同时后金一再向大明索取赔偿，这样可以缓解当时的财政危机。

这样各怀鬼胎的谈判，取得任何进展都会超出两家的意料。大家都不想和谈，可是大家都需要争取一下时间。

这也就是大家所说的，谈判只是手起刀落之前的缓冲动作。

警惕！朝鲜、皮岛

朝鲜一直是大明的追随者，后金与大明在萨尔浒决战时，朝鲜就派出上万人的军队，协助明军对付后金。

萨尔浒之战明军大败，朝鲜的万人军队也成了后金的俘虏。努尔哈赤作出高姿态，无条件释放了朝鲜的士兵，并且作出了物质上的允诺。

朝鲜丝毫没有动摇追随大明的信心。这也难怪，当时大明是中国的正统，是老大，而朝鲜地位仅次于大明，后金则是一直没有得到大明的承认，地位当然要排在朝鲜之后。

努尔哈赤后来一直想拉拢收买朝鲜，但是朝鲜根本没有买他的账。

皇太极接班后，一边与明朝和谈，一边积极准备对朝鲜用兵。此时后金的实力已经有了很大的提升，是时候拔掉身后的这枚钉子了。

朝鲜与后金仅隔着一条鸭绿江，辽东很多汉人不满后金的不平等待遇，纷纷逃到朝鲜。后金为这事屡次跟朝鲜交涉，朝鲜却不理会。

朝鲜将偷渡的人遣送给了大明，这样的事情，发生了很多次，后金已经出离愤怒了。

促使后金对朝鲜动手的另外一个重要原因，就是朝鲜政府允许明朝的军队驻扎在领土上，严重威胁后金的后方安全。这样的态势，如果后金和大明打起仗来，自己会成“肉夹馍”，前后都被人打。

天启元年（1621 年），明朝东北最高官员（辽东巡抚）王化贞，为了策应明军对后金军队的正面进攻，派手下毛文龙带着 200 多人，深入敌后联络辽东的民众，以牵制和分散后金的兵力。

五月十一日，毛文龙率人由三岔河驾船到猪岛、鹿岛、禽岛、石城、长山、色利、獐子等地，建立据点。

此时，辽东一个叫王一宁的人来求见，建议前往朝鲜求助，共同对付后金。

七月初，他们来到朝鲜的弥串堡，侦查员侦查得知，后金镇江守城官员佟养真派兵外出，城防空虚。毛文龙命令陈忠过江，说服镇江守城军官陈良策为内应。

二十日深夜，毛文龙率领 3000 人，围攻镇江，陈良策投降，俘虏了佟养真和他的儿子佟松年等 60 多人，收编军队上万人。

于是毛文龙因功连连提升，最后成为独占一方的军事头领。

后金知道镇江失守的消息后，非常震惊，立即派遣阿敏率领大军前去攻打，毛文龙退到了朝鲜境内。

后金兵几次入朝追击，并且派人与朝鲜交涉，希望朝鲜方面把毛文龙交出来。

朝鲜方面很为难，两边都不敢得罪，最后想个办法让毛文龙躲到海岛上去。这样朝鲜就可以说能力有限，没有办法捉到毛文龙等人，推脱后金的要求。

毛文龙带领部队躲到了皮岛上。这个岛位于大明、朝鲜、后金之间，是名副其实的三不管地带。

朝鲜为了让毛文龙牵制后金的进攻，不断给毛文龙的军队提供吃的、喝的，而且送去大量的武器弹药。

这样毛文龙的军队很快发展到 10 万人，控制了宣川、定州、龙川、铁山、昌城、满浦、獐鹿、长山、石城、广鹿、三山、旅顺等地。这就好比在后金的大后方安了一颗定时炸弹。

毛文龙的军队经常深入到后金统治地区进行骚扰、破坏，并进行反对后金的宣传活动。

毛文龙势力壮大，后金认为是朝鲜的支持。努尔哈赤多次写信提出严重抗议，要求朝鲜断绝与毛文龙往来，并且提出拿姜弘立交换毛文龙。朝鲜对这个降将自然没有什么兴趣，就拒绝了后金的要求。

当时后金战略的重点是在辽西，因此希望通过封官加爵来招降东面的毛文龙，但是这个时候毛文龙还没有投降后金的意思。

等到辽西的争夺告一段落后，后金开始腾出手来，对付东面的毛文龙和朝鲜。

先征服再结盟

天启七年（1627年）正月，刚过完新年，皇太极就派阿敏、阿济格、岳托等人率领军队3万开到了朝鲜。这次作战目标首先是灭了毛文龙，顺便要把朝鲜也收拾了。

正月十三，后金的大军到了边境后，迅速扫除了明军设置的军事哨所，第二天夜里便到了朝鲜边城义州城下。

后金军队照例喊话，宣布后金优待俘虏的政策。随后突然展开进攻。后金的艾屯巴图鲁一马当先，率军登上城墙。朝鲜守城将领李莞、崔梦亮等仓促应战，义州很快被攻破。

李莞、崔梦亮等当场被杀，城中明军1万人、朝鲜军队2万人，不投降的都被就地砍了。

当后金兵进攻义州时，阿敏就派遣济尔哈朗等率领大军进攻毛文龙驻守的铁山，恰好此时毛文龙不在铁山，逃过一劫。

而守铁山的毛有俊、刘文举等被后金杀害，明朝的士兵和当地老百姓也遭到了屠杀。

十五日，后金大军沿着西朝鲜湾前进，很快拿下定州。

十八日，攻下郭山城。

十九日，从定州渡嘉山江，扎营一个晚上后，第二天挥军平壤。

后金军队这一路打来，如入无人之境。

这也难怪，多少年来，朝鲜一直在明朝的庇护下成长，有人欺负，明朝就会伸出援助之手。可是这次明朝也自身难保了。

眼看后金军队就要打到都城了，朝鲜政府提出和谈，希望通过赔礼道歉加赔钱，打发走后金的军队。

显然这太天真了。阿敏写信告诉朝鲜政府，提出要想和平，就必须与大明断绝关系，同时与后金结成战略伙伴关系，两家以兄弟相称。

朝鲜政府很为难，这两家咱都得罪不起，索性就拖着。

大明的军队一直没盼来，后金的军队却是越来越近了。

阿敏见朝鲜政府对于议和一直很犹豫，就继续进军，对朝鲜施加军事压力。

朝鲜国王李倧带着妃子、孩子逃往了江华岛，阿敏派人追到岛上，以武力相威胁。

李倧被迫签订“兄弟之盟”，并且给后金送了一份大礼表示诚意。

三月三日，阿敏派人到江华岛与李倧举行隆重的结盟仪式。

随后，后金除在定州留下驻军外，其他都撤回到国内。

立“清”前传

朝鲜迫于军事压力，没有办法，刀架在脖子上了，只好接受后金的和谈条件。

但是大明毛文龙的10万军队还在，等到后金的军队大部分撤走后，朝鲜开始表达对后金的不满。

后金的军队刚走，李倧就要求后金归还义州。

既然大家是兄弟，后金只好从义州撤兵，同时要求李倧履行双方签订的盟约，把逃往朝鲜的后金人，遣返回后金。

李倧却说他们已经在朝鲜安家，不忍心让他们父母兄弟分离，拒绝将他们遣返。

这件事情，双方交涉了多次，一直没有得到解决。

战后，后金试图将国内经济危机转嫁到朝鲜头上，不停向朝鲜要粮要钱，还动不动就以破坏盟约为要挟，朝鲜方面虽然借故拖延，但还是摆脱不了被宰的命运。

解决朝鲜后，皇太极开始向察哈尔部用兵，一度放松了对朝鲜的注意，而双方利益上的争执越来越严重，使“兄弟关系”日益紧张起来。

对于战争赔偿，规定每年春秋两季和新年，朝鲜都要向后金缴纳一定的物品。这表明朝鲜是战败国，但是朝鲜很不满意，因此慢慢地减少缴纳物品的数量。

崇祯四年（1631 年）元月，朝鲜外交人员朴兰英前往后金，缴纳礼物，因为不够数，皇太极一样也没有收。

但是皇太极仍然给朝鲜回赠了礼物，并派英额尔岱将这些礼物送到朝鲜外交人员下榻处。

朴兰英说：

“你们不收我们的礼物，我们怎么好意思收你们的礼物呢？”

英额尔岱没好气地说道：

“不收你们的礼物，是你们不遵守约定，无故减少礼物数量。”

朴兰英也很不客气地回答：

“你们回赠的礼物不也减少了吗？”

英额尔岱有点愤怒了，讥笑道：

“谁让你们与我们作对，打败了，你们就应该接受惩罚，别不服气！”

朴兰英被说得哑口无言，只好道歉。

双方都派出如此缺乏语言技巧的代表，表明大家都觉得没有什么好谈的了。

英额尔岱回去后，将刚才的对话告诉了皇太极。皇太极很生气，当即决定扣留朴兰英一行，向朝鲜施加压力。

同时皇太极写信给李倧，告诉他如果再偷工减料，不全额缴纳礼品，后金大军将很快进驻朝鲜。

李倧看事情不妙，忙派礼部侍郎申得渊带着他的信，还有朝鲜的土特产，到沈阳给皇太极解释，希望后金能理解，朝鲜确实拿不出那么多礼物。

皇太极让申得渊带回了一封信，给朝鲜指出两条路，一是交礼物，一是借船给后金打明朝。

李倧回信，既不借船给后金，礼物也没办法按照规定的量缴纳。

李倧这么做，显然知道后果是什么——战争。

李倧之所以敢这么干，跟朝鲜与大明关系的改善有着密切联系。

朝鲜与大明有着深厚的感情，绝非与后金的“兄弟之盟”所能比的。

李倧在与后金和谈后，就急忙向崇祯解释，朝鲜是情非得已，朝鲜的心一直在大明这边，希望他能够原谅。

崇祯表示谅解，还写信鼓励朝鲜卧薪尝胆，争取伟大的解放。

这样朝鲜越来越倾心于大明，跟后金说话也敢大声了，资助皮岛大明的军队也不再偷偷摸摸了。

三方之间的关系微妙，加上朝鲜和后金并不是一条心，使他们在一些具体问题上也不断发生摩擦。

每年都有一些朝鲜人偷偷地越过国界，到后金去打猎和挖人参。

后金的人到朝鲜做生意，常有人被当地人欺负，曾发生多起马车被砸、抢的事件。

一些在后金犯了死罪的人，常常逃到朝鲜。

皇太极就这些事情同朝鲜方面交涉时，朝鲜方面总是敷衍不去办理，这令后金方面很生气。

虽然有诸多问题，但是还没达到使双方再次撕破脸的地步，因为这个时候，后金和朝鲜之间是兄弟关系，兄弟间搞点小摩擦，在对方身上练拳脚属于“合理范畴”的事情。但是有一个人要打破这中间的平衡，这个人就是皇太极。

皇太极看自己实力不断增长，不想再和朝鲜以兄弟相称，也不想再对外宣称自己和大明是从属关系，他希望和崇祯平起平坐。这下麻烦就来了。

之前努尔哈赤与皇太极虽然已经成立了与大明对立的政权，但一直没有得到官方的承认，在外也只有极少数国家承认，因此后金顶多也只能算是明朝内部一股彪悍不顺从的力量。但是皇太极的举动打破了这个格局，他要另立山头。

后金方面首先试探了朝鲜的看法。

崇祯九年（1636 年），后金各方面大员联名写信，要求朝鲜国王李倧派一个儿子到沈阳来，同他们一起劝说皇太极称帝。

后金户部的英额尔岱，带着这封信，领着 170 多人的代表团访问朝鲜。

表面上是为了将皇太极称帝的事通报朝鲜，实际上给朝鲜施压，迫使朝鲜承认后金政权的合法性。

朝鲜国王李倧知道这个消息后，本来应该为难，但他却很高兴。很快一个“伟大”的计划产生了。此时的李倧已经下定决心，自己就踏踏实实地跟着一个瘦死的骆驼干，因为它比马大。

李倧先是将皇太极想要称帝的消息，通报给明朝高官，然后通过国家宣传部门和后勤部门，将这一消息散布到各地的茶馆。

很多朝鲜国民都知道了这个消息。当时没有电视广播，茶馆就充当了消息传播的地点。

第二天一大早，李倧便召开扩大会议，让大家讨论一下这个事情。

李倧首先发言，只是说我们现在处于两难的困境中，希望大家都发表下自己的看法，想出一个两全其美的办法。

掌令洪翼汉早就坐不住了，他抢着发言，中国只有大明这一个朝廷，我从刚出生的时候就知道只有一个大明朝廷。

因此洪翼汉建议把后金的外交人员都杀了，带着他的头和信，送给大明。

接着官员玉堂说，后金这样的，竟然敢成立朝廷，并且让我们跟着他们干，这太侮辱人了。

玉堂因此建议把后金的人员给抓起来，不要让他们进朝鲜的都城。

李倧向他们点了点头，嘴角露出一丝久违的微笑。

这时主张和平的几个官员，看到这个架势，已经有点心虚。

判中枢府事郑昌衍、申钦等还想说下和谈的好处，看到李倧嘴角的微笑，也就打消了这个念头。

后来的发言完全是一边倒：对后金采取强硬措施。

李倧俯视了台下，看到大家都没有任何不同意见的发言，心里爽极了。看来大家跟自己一条心啊。

大家是否一条心，只有遇到困难的时候才能发现。

等后金军队打来的时候，李倧才知道原来很多人跟自己不一条心。

当后金想要凌驾到自己头上的时候，他又再次发现，大家原来和自己还是一条心的。

可见，朝鲜人民不怕打，就怕你不给面子。

高兴归高兴，为了表示自己的民主、英明，李倧还是要装装样子的。他微笑着问台下的官员，大家有没有不同的意见，如果与后金发生冲突，我们能打得过他们吗？

李倧没有想到自己做作的举动，却给了主和派一个错误的暗示。郑昌衍、申钦等开始大说特说，与后金断交的种种坏处，最坏的当然是政府倒台了。

主张强硬的几个人与他们也就吵了起来，大家吵到脸都红了，差点动起手来。

开会一直开到下午 3 点多，也没有商量出个结果。李倧只好把会散了，让大家先回去休息，改天再讨论这个问题。

但是后金的外交使团已经出发了，时间不等人啊。

李倧回到住处，躁动症又发作了，据说这是老毛病。

李倧的生活秘书见他又犯病了，知道心病还需心药医，便轻轻地在李倧的耳边说道，你可以见见那些失业的读书人。

说来也奇怪，李倧噌一下，爬了起来，立马叫来内侍官员，让他安排自己接见都城的读书人。

很多在都城失业的读书人，听说国王要见他们，纷纷聚集起来，想让李倧给解决就业的问题。

李倧见了这些人后，先自我检讨一下，说现在国家发生很多事情，没有解决好你们的就业问题，自己很惭愧，也很内疚。你们的困难，我已经了解到了，国家已经准备拿出一些资金解决你们的问题。但是后金不断地向我们索要战争赔偿，政府内部又不能团结起来，我很为难啊。

听到这“肺腑之言”，这些人很感动。在官员的带动下，大家纷纷挥起手来，走向大街，抗议后金的政策。

第二天，李倧刚起床，就收到金寿弘等 138 人联名写的信。信中怒斥了主和派的无耻行径，要求政府罢免他们，对后金采取强硬的政策。

李倧没有想到，信写得这么快。他急忙召开会议，让官员们看看这封信。

郑衍昌、申钦等看到这封信后，知道如果再坚持，自己的仕途就完了，纷纷改口支持对后金采取强硬政策。

李倧见他们够机灵，变得够快，就没有罢免他们。

这次会议确定了三个基本方针：

不见后金的外交人员；

不接受后金的联名信；

不参加支持皇太极称帝的活动。

英额尔岱外交使团一到就被监视起来，他们下榻处也被军队给围了起来。他们一出门就被很多老百姓围起来，有些小孩子还拿瓦片、石头砸他们。

英额尔岱十分生气，率领使团离开了平壤。当然为了表示自己的气愤，他没有同朝鲜方面打招呼。

李倧没有阻拦，也没有派人欢送，只是把后金方面的信交了回去。到了这个份上，大家已经没有什么好谈的了。

李倧知道外交人员顶多是吓吓自己，暴风骤雨还在后面。

看到全国民众这么痛恨后金，民心所向啊，李倧觉得自己已经没有什么好担心的了。要做的只有调兵遣将，积极备战了。

英额尔岱回到后金后，将他们的悲惨经历加了一些调料告诉皇太极。

皇太极便召开国务会议，让大家看看这封原封不动回来的信。后金的众人，已经出离愤怒了，纷纷向皇太极请求带兵平了朝鲜。

皇太极也想教训一下朝鲜，但是现在自己要举行仪式，不能让朝鲜的事把自己的好事给搅黄了。

皇太极决定把教训朝鲜的事先拖一下，就是多给朝鲜两天时间也翻不出什么浪来。

皇太极写了封信，让外交官员给李倧送去，告诉他别跟后金对着干，希望李倧能把一个儿子和亲信的官员送到沈阳作人质，不然后果很严重。

李倧还是采取拖时间的方法，说朝鲜很困难，这样做自己很为难，希望皇太极谅解。

皇太极正忙着自己的事情，一时还顾不上朝鲜，也就没有发火。

彻底征服

皇太极准备了 3 个月，称帝并改国号金为清，皇太极终于在名义上站在了和崇祯一样的位置上。那天，后金难得铺张一次，要知道当时后金经济很困难。

为什么呢？高兴呗！

朝鲜的外交官罗德宽和李廓也参加了就职典礼，但是他们两个没有向皇太极行礼。

皇太极的面子算是丢在地上了，为了找回面子，他写了封信让罗李两人带给李倧。

罗李两人快到朝鲜国界的时候，给后金方面写了封信，强烈谴责后金皇太极自称皇帝的行为，认为皇太极的行为深深地伤害了他们，以至于他们要回家自杀表示抗议。

在罗李两人快要回国的时候，英额尔岱曾把皇太极的信交给他们。两人当场就要拆信，看看信有没有不符合规定的地方。

英额尔岱当时就制止了他们，把信固定在罗李两人的车上，催着他们赶快走。

两人出来不久后，还是打开皇太极的信，发现信中有很多不礼貌的地方。罗李两人怕回去受到牵连，就决定把信留下，不带回国。

快到朝鲜国界的时候，两人把信混在一大堆纸中，然后打包，装在车里。随后欺骗后金方面说车子坏了，然后把车子留在下榻的宾馆。而他们则乘坐其他的车子回国。

两件事情让皇太极已是忍无可忍，而且不需要再忍了，登基的事情已经办完了。

李倧又写了封信解释，皇太极看都没看，就给退回去了。

谈不了，那就打呗。

皇太极这次决定亲自带兵攻打朝鲜，并且带上了所有的军队。摆明了，这次他要朝鲜的李倧好看。

与清谈崩之后，朝鲜也知道清军早晚会来的。因此李倧做了不少的准备，并不停地向大明求援。

大明方面派出军事代表黄孙茂访问朝鲜，与朝鲜签订共同防御的军事合作条约。但是大明内外交困，也抽不出军队帮助朝鲜。

靠毛文龙？上次后金的军队打来，他比谁跑得都快。

李倧也知道，单凭朝鲜自己的力量根本没有办法与清抗衡。虽然在军事上不如对方，但是从心理优越感上，他还是从骨子里瞧不起对方。

李倧觉得即使现在被清打败了，大明一定会打过来的。背靠大明这棵大树，才是正确的选择。跟着清搞事情，迟早会完蛋。

但是该来的还是要来的。

崇祯九年(1636年)九月九日，皇太极带领军队到达位于边界的镇江市。

十二日，占领郭山市。

十三日，攻占定州。

十四日，先遣部队已经进入平壤。

李倧逃到南汉山市，但是很快又被清军包围。

三十日，朝鲜都城陷落。

崇祯十年(1637年)一月，皇太极不停地向李倧发出通牒，让他投降。

此时朝鲜的援军早被打得东零西散，大明的援军也没个影子。

被包围得严严实实的李倧，出于无奈，只有答应皇太极的条件，出城投降，签订不平等条约：

与大明中断外交关系；

拥护大清的统治，清朝大的节日、活动，朝鲜都必须参加，并且要带礼物来；

每年按照以前跟大明的规格，定期向清朝缴纳钱和物；

李倧的大儿子和另外一个儿子以及朝鲜高官们的儿子作为人质，常年待在沈阳；

将主张对大清强硬的官员，交给大清处理。

被“包了粽子”的李倧，没有其他的选择，只有无条件地接受。

这次战役，清朝彻底征服了朝鲜，皇太极终于拔掉身边的这个钉子。通过掠夺朝鲜，清朝国力有了很大提高。

收拾了朝鲜，皇太极便迫不及待地对明朝下手，毕竟还是明朝油水多。

第四章　出发！皇太极

骑兵对阵大炮

前面已经讲过，后金和大明的和谈是各怀鬼胎，等大家收拾下后院，虽然后院还不是很干净，但是都已经等不及要动手了。

萨尔浒战役后，大明从战略进攻转入战略防守，但是退到辽西他们就没得退了，因为过了辽西就是山海关，过了山海关，北京就完了。

这样守住辽西就成为保卫北京的关键。努尔哈赤时期，袁崇焕在宁远为明军打了个漂亮的翻身仗，后金军队选择撤退。

至于后金这次撤退，是因为袁崇焕艺高人胆大，还是因为后金内部出现了粮食短缺呢？

估计两者都有吧，受了伤的努尔哈赤又跑到草原去教训人，应该伤病还不算严重。

但是努尔哈赤死了，并且大明极力宣传是被袁崇焕给打死的，后金也有很多人相信了。

皇太极接了老爹的班后，后金左右有朝鲜、蒙古各部，对面有大明，三面受敌。

自己的兄弟叔侄们都吵着要给努尔哈赤报仇，皇太极虽然很怀疑他们的动机，但还是耐着性子先给他们分析了后院失火的厉害。

刚第一次收拾了朝鲜，情报部门就报告明军一直在辽西修筑工事。大家不是在和谈吗？这下只有动手了。

估计再和谈下去，官员们都不干了，关键是等明军修好了城墙，后金的军队要向哪里去？

天启七年（1627年）五月六日，皇太极亲自率领军队向锦州进发。

得到后金军队就要打来的消息后，袁崇焕立即做了应对部署。

此时袁崇焕已经成为辽东巡抚，在那个激情燃烧的岁月，大明在东北方面一切事情由他做主。

本来朝廷调来王之臣，让他来管理大明在东北的所有事情。

但是袁崇焕现在名声太大了，打败了努尔哈赤，至少表面上是这个样子。对于新上任的领导，袁崇焕自然不会放在眼里。

袁崇焕想把满桂从东北调走，王之臣觉得满桂是个难得的猛将，应该替国家守着山海关。

满桂，蒙古族，没有什么文化，性子直，不会拐弯。一般这样的人打仗都相当勇猛，他硬是从一个小兵一直打到了辽远总兵。事情源起宁远之战前，当时袁崇焕是辽西地区指挥佥事。等他和袁崇焕打退了努尔哈赤后，两人都升了官，只是袁崇焕还是管着满桂。明代有个习惯就是文官管武官，太监管文武官。

本来满桂跟袁崇焕也没有什么恩怨，但是在宁远之战中，满桂与袁崇焕的手下赵率教结下了梁子。

赵率教，祖籍河北，他的爷爷的爷爷曾任明军的尉官。赵率教更是文武双全，武进士，并且写了好几本书。战斗经历也很不平凡，多次带着几个人与后金军队单挑，因此很得历任领导的赏识。

在宁远之战中，满桂被后金军包围，赵率教奉命带人来增援。

但是赵率教没有理会满桂，估计应该是没办法理会满桂，当时大家都中了埋伏。

满桂绝对是个睚眦必报的人，战后便找赵率教算账。

对于满桂的脾气，赵率教是清楚的，因此没跟他客气，两人就打了起来。

袁崇焕作为两人的上级，就希望把满桂调走。

满桂就希望新来的王之臣出面解决这件事情。

王之臣是希望满桂留下来，但是袁崇焕说，如果他留下，我就走。

王之臣很生气，也向朝廷打报告辞职。

朝廷只好各打五十大板，让袁崇焕管山海关内的所有地区，王之臣管山海关以外的地方。但是满桂必须留在东北，并告诫大家精诚合作，为国家效忠。

其实两个人都不想走，既然上面有了如此安排，大家只有照办。

不久之后，袁崇焕就把满桂安排到山海关。满桂本来就是个直性子，爽快地接受了这样的安排。

这样，大明方面，大家暂时放下了恩怨，毕竟是在同一条船上。

后金方面为了争取战略上的主动，皇太极是白天赶路，晚上也赶路，就是害怕明朝的战争工事已经完工。

五月十日，赶到广宁，捉到几个哨兵，从他们口中得知大、小凌河还没有修好工事，锦州已经修好了，大概有驻军 3 万多人。

后金的大军趁着夜色，轻松地拔掉了大、小凌河城，十一日大军抵达锦州城下。

此时赵率教和太监纪用负责锦州的守卫。

本来打仗，应该没有太监什么事，但这是大明的习惯。包括和后金谈判都要找太监去参加，连我们写这段历史，也得把这些太监和一些能人写在一起。

看到后金饿疯了的大军，纪太监和赵率教有些紧张了。

按照惯例，后金军队一般在秋冬物资比较匮乏的时候，才跑过来劫掠。

这次才夏天，怎么他们就跑来了呢？看来这次来者不善。

考虑到明军准备还不充分，赵率教希望能拖延时间，为自己和其他兄弟部队争取宝贵的时间。

五月十二日，纪太监和赵率教打算派人到后金大营中谈判，希望能够和平解决冲突。

但是怎么派人出去就成了一个问题，外面被后金围了个水泄不通，如果打开城门让谈判的人出去，后金部队很有可能借机冲进城，怎么办？

还是用老办法，一遇到这种情况，就用绳子拴一个筐子或者篮子，让谈判的人站在里面，然后从城墙上顺下去。中国素来是讲究礼仪的国度，这样看上去不雅，并且也有失威严，不过在战场上，礼仪和面子往往不重要，怎么安全怎么来吧！

就这样，谈判人员从城墙上下来，到后金军营去谈判。（以后再看到历史书里写“某某人顺城墙而下”，这并不是代表这个人武功很高强，很有可能是迫于无奈。）

皇太极打过不少仗，也在朝鲜攻过城，不过还真没见过这么将谈判人员送出城的，还以为明军害怕自己，真要投降呢。他明确告诉明军谈判代表，投降就不打你们，不投降就打你们。同时让他们给赵率教带回了一封劝降信。

谁知道，人回去后，迟迟没有回音，整个锦州城静悄悄的。

皇太极忽然发现不对劲，自己应该是被忽悠了，于是下令进攻。

后金军队抬出云梯、盾牌等这些冷兵器时代攻城的武器攻城，似乎忘记了努尔哈赤攻城时失败的教训。

后金军团作为骑在马背上的队伍，以骑兵为主力的野战是他们的特长。攻取城池确实不是他们的专业，从努尔哈赤创建后金，后金对于明朝大城市的城墙一直没有什么好的办法。

在枪炮发明之前，中原朝廷被来自北方的民族时常打得没脾气。

中原军队主要以步兵为主，而游牧民族主要以骑兵冲击为主，稍有军事常识的人都知道，骑兵打步兵地形有利时就像切菜。后来中原军人在盔甲上做文章，但是，盔甲厚了动作迟缓，反应迟钝，行军速度慢，打起仗来移动速度也慢；盔甲薄了，骑兵冲锋的惯性加上刀砍，很容易刺穿……

所以一直以来，步兵都经不起骑兵的来回冲锋，几个回合下来，胜负就分出来了。

秦汉时期的匈奴，唐宋时的突厥，还有明代的蒙古部，都一直是中原政府的心病。

但是枪炮发明以后，就不同了，靠快马弓箭弯刀取胜的时代一去不复

返了。

此时后金军队挥舞着战刀，一路狂奔城下，越走越近，越近就对城墙上的东西看得越清楚，看得越清楚他们心里就越犯怵。

城墙上摆着一排大炮，炮口里透露着死亡的气息，在宁远大战的时候，他们吃过大炮的亏。

可是军令如山，皇太极命令军队从西、北两个方向猛攻明军。

冷兵器时代的战马，都不会惧怕冷兵器对冲，但是炮火却足以让这些战马乱了阵脚。后金骑兵被炸死的，被战马撂下踩死的，各占死亡人数的一半。这种仗，现在一看就知道没法打。

明军凭借城墙的掩护和炮火的支持，让第一波进攻的后金骑兵倒在了冲锋的路上。

但是还有第二波、第三波、第四波……

看起来皇太极是豁出去了。

中午的时候，眼看城墙一处就要被攻破了，可是挨不住明军一阵炮火。

后金军队留下一堆堆尸体，后退五里扎营。

这时皇太极一边提出和平解决问题，一边到沈阳搬救兵。

十三日，皇太极派骑兵把锦州围了起来，但是只是远远地看着，不敢跑到城下。

之前赵率教对数量远大于自己的后金骑兵还有所畏惧，使出了从城墙下去谈判的招数，一仗下来发现，后金骑兵也就那么回事儿。

皇太极派了几拨人来和谈，虽然是和谈，赵率教依然没有打开城门，兵不厌诈。

赵率教站在城墙上，对后金的谈判代表说，你们要打就打，不打就走，哪来那么多废话！

使者回报后，皇太极很生气，下令再次发动进攻。结果又白添了一批回不了家的孤魂野鬼。

无奈，皇太极只得向城内喊话，并令手下把绑了劝降书的箭往城里射，企图以此消灭明军斗志。但是，射了一大堆，城内却没有一点反应。

十六日，明朝方面看皇太极这么喜欢谈判，也派了两个人到后金大营中谈判。向后金方面解释，昨天天黑了，因此才没有给你们派去的人开门。

皇太极也在等待援军，所以派了两个人，跟着明军的谈判代表前去议和。

由此可见，谈判、打仗，打仗、谈判，这两项是紧密结合的。

赵率教真是不厚道，又把后金的使者拒之门外。还站在城墙上喊，你们如果退兵，朝廷会给你们一笔钱。

皇太极让明军谈判代表带回一封信，说躲在城里瞎叫唤，算什么英雄。有胆量出来单挑啊，我们出 10 个人，包打你们 1000 个人。你们大概在等你们的援军吧，我保证他们来不了了，即使来了也救不了你们。你们就别硬撑了，出来投降吧。不然把你们所有值钱的东西都交出来，我们就走。

赵率教文武双全，纪用是个太监，激将法对他们不管用。

逞英雄和保小命，哪个更要紧，估计傻瓜都知道。

这一天，后金方面唯一的收获，就是截获了袁崇焕给赵率教的信。

信中说你们安心等着，援军很快就到。

这次皇太极又被忽悠了，那只是袁崇焕的小把戏。

十七日，皇太极一边收缩防守，一边等待伏击明军；同时加大招降的宣传，拼命射绑了招降书的箭，只是依然没有人理他。自己攻不下城，还让人家投降，连谈判的资本都没有，还有什么可谈的。

皇太极一直就不明白，赵率教的亲属、家人很多都死在后金军队的手上，这样的人是招降不了的。

到二十五日，没有等到大明的援军，后金援军倒是来了。

当时正值暑天，天气炎热，后金很多士兵都中了暑。加上粮草紧张，更为重要的是，一直打败仗，士气严重低落。

皇太极考虑再三，决定留下一部分军队，挖壕沟继续围困锦州，自己率领军队转而进攻宁远。

骑兵对阵长枪

五月二十八日黎明时分，后金军队到达宁远城下时，发现了很有意思的一幕。

明军竟然开到城外，以前老骂明军是缩头乌龟，这下不能这样了。

再仔细一看，明军在阵前挖了一排排的壕沟，看起来这是专门对付他们骑兵的，骑兵毕竟不是装甲车——什么样的壕沟都能过。

除了壕沟之外，还有一群人，这群人都拿着枪，站在壕沟后面。

皇太极之前吃了不少大炮的苦，对这个“小管子”，还没有什么认识，也没把它当回事。事后才有些后悔，明白自己家的弓箭太落伍了。

后金起初装作撤退，希望明军追过来，这样就可以发挥后金军队野战的特长了。

此时守宁远的是袁崇焕，明军派出野战的也均非一般人物，满桂、祖大寿一个个都是响当当的角色。

祖大寿，吴三桂的舅舅，袁崇焕最得力的大将，宁远之战一举成名。后来袁崇焕下狱，他害怕受到牵连，就跑回东北。

在母亲和袁崇焕的劝说下，他答应继续为国尽忠。后在大凌河中了皇太极的伏击，投降后又背叛。后来再次被皇太极围了起来，最终是投向清朝的怀抱。

祖大寿一直活到顺治时期。这期间除了写了封劝降吴三桂的信，好像没有做过什么对不起大明的事。

这些人跟后金打交道都不是一年两年了，皇太极的举动显然是有点小儿科。

皇太极看明军按兵不动，开始有点沉不住气了，便找代善、阿敏、莽古尔泰三个主要人物商量，三个人都表示反对与明军死磕。

皇太极很生气地说，当年我们的父亲努尔哈赤攻打宁远没有取胜，我们进攻锦州也退了下来。现在如果不敢同他们进行我们擅长的野战，那我们还有脸面回家吗？

说完，皇太极命令后金军队快速进攻，先冲击明军的车营部队，然后攻击他们的步兵。

后金的将领们有的还没来得及换上甲胄，就跟着杀了过去。

明军方面满桂等也率军迎战。

满桂等在城下与后金拼命的时候，袁崇焕也没有闲着，他走上城墙，一边给明军鼓劲，一边命令炮手们向后金的军队开炮。

明军不停地倒在后金军队的刀光剑影里，后金士兵也成批地死在明军的炮火下。

这一仗从早上一直打到中午，双方各有损伤。

后金方面济尔哈朗、萨哈廉都挂了彩，军队损失惨重；明军满桂中了好几箭，坐骑也受了伤，明军的精锐车营部队受到重创。

骑兵对阵装甲师

明朝车营部队为孙承宗所建，可以说是中国最早出现的技术兵种之一。从一定意义上说，这种车营部队具有近代装甲兵部队的某些性质和特点。

明代的车营与以前的车营相比，最明显的特点就是明代战车与火器有密不可分的关系。

火药是我国对世界文明的重大贡献之一。早在西汉时，中国已把火药的主要成分硝、磺应用于医药。

唐代元和三年（808 年），我们已经掌握用硝、硫、炭配制原始火药的方法，以后又发展为用硝、硫、炭按比例配制火药。

早在北宋时，早期火器已有很大的发展。宋仁宗时，曾公亮所著《武经总要》中，讲述当时的火器有火球、铁嘴火鹞、火药鞭箭、火箭、火炮等七八种，并且已经用于实战。

南宋时期，火器有了进一步发展，出现了中国最早的管形火器，即绍兴二年（1132 年）南宋将领陈规守德安(今湖北安陆)时发明的一种火器。

南宋开庆元年（1259 年），寿春府(今安徽寿县)制造的“突火”，

标志管形火器的成熟。它已具备身管、火药、子弹等射击性管形火器的基本要素。

到了元代，元朝军队继承和发展中原先进的手工业和兵器制造的成果，创造了当时世界上最早的金属管形射击火器——铜火铳。

这就大大提高了火器的准确性、安全性，使用起来也比较方便，从而极大地提高了火器的杀伤力，使火器的使用比例不断提高，开启冷兵器时代通向火器时代的新纪元。

蒙古骑兵配备这种武器，他们在欧洲、亚洲战场所向无敌、纵横驰骋。

到了明代，由于生产力的发展，冶铁业和手工业均达到一定高度，新型生产关系的产生加上战争对武器的要求，大大促进了军事技术和火器的发展。

结合当时“神机枪”“佛朗机”“鲁密铳”“鸟铳”等先进武器的传入，进一步提高了火器的射击速度、命中率、破坏力和发射装置，从而促进了火器的广泛应用。

当时不仅北京护卫部队、边防要地装备了这些先进火器，就是一般部队也配备了大量火器。

据明朝官方统计，从万历四十六年（1618 年）至天启元年（1621 年），3 年的时间内，仅发往广宁的火药、火器就有：

天威大将军 10 尊，神武二将军 10 尊，轰雷三将军 330 尊，飞雷四将军 384 尊，捷胜五将军 400 尊，灭虏炮 1530 尊，虎蹲炮 600 尊，旋风炮 500 尊，神炮 200 尊；

神枪 1.4 万杆，威远炮 19 尊，涌珠炮 3208 尊，连珠炮 3793 尊，翼虎炮 110 尊，铁铳 540 门，鸟铳 6420 门，三眼枪、四眼枪 6790 杆，大小钢铁佛郎机 4090 架。

车营士兵使用的武器，不仅有冷兵器，还有火器；不仅有长兵器，还有短兵器。

参战的部队不仅有单一的车兵、步兵或骑兵，而且有由步、骑、战、辎、水师等多兵种组成的合成部队。

作战形式，不再是单纯的进攻或防御，而是攻防、野战、遭遇等多种作战形式的交互和转接。

为了适应这些新情况，军队的战斗编制也从过去单一的作战单位发展为庞大的作战系统。

这种较为庞大而复杂的作战系统，必须照顾到各种建制的各种冷热兵器、长短兵器，使小分队内部能够长短相辅、冷热结合，分队和兵种之间能够密切协同作战、互相配合，只有这样才能成功地完成战斗任务。

其构成为：中为主将，四面为冲，由督冲一人带领，直接听命于主将。

在骑兵中，挑选出 800 人，称为“权勇”，由主将掌握。就整个车营部队来说，又是“骑将领骑，步将领步”，而骑、步又各自构成系统和上下从属关系，以便适应丘陵、湿地、沙滩等各种地形条件，适应轻重缓急，从而因时、因地、因敌变换作战队形。

从以上可以看出，无论是静止状态，还是运动状态，车营部队内部各兵种之间，各个子营之间，都必须有密切的协同关系。

这是火器出现以后在战术上的大变化，也是军队战斗力增强的一个重要表现。

既然车营部队这么厉害，那么后金军队为什么还能够重创大明的车营部队？

当时的火炮和现在的火炮不一样，当时的火炮发射有间隙，不能形成密集火力。

战斗打响后，火器能给后金兵造成一定的杀伤，但明军要用一定的时间装药、装弹，导致每次施放的间隙时间很长。

后金兵识破这一弱点后，便采用新战术，利用骑兵优势，即在明兵射击停顿期间，疾驰而来，将明军阵势冲垮。

明人造炮技术低劣，加上保养维护跟不上，经常出现点燃不发和炮身炸裂事故。

火炮的射程短，一般不过几十丈或百余丈，后金八旗劲旅却“如风如电”，仍有可能对明军车营阵地进行突袭，以野战取胜。

明军的优势在背靠坚固的城墙，通过红夷大炮等重型武器，打击后金军队。

所以当后金骑兵越过营防线后，很快迎来明军炮火的洗礼，损失惨重。

皇太极看势头不对，便下令部队停止进攻。

后金军队退到宁远外围一个叫双树铺的地方，将阵亡的将士尸体在这里焚烧。

二十八日，锦州的明朝军队，趁着后金军队与宁远明军相持的时候，突然杀出城来，打了后金军队一个措手不及。

二十九日，皇太极看在宁远占不了什么便宜，就决定挥军杀回锦州。

但是到了锦州，后金军队还是没有捞到什么油水。皇太极还是老一套，先是威胁明军投降，白天让骑兵围着城墙瞎转，晚上点上火把向城内喊话。

皇太极打锦州不成，攻宁远受阻，却还痴想着诱降赵率教的军队。没有人理他，便下令进攻，只是重复之前的过程。后金军队伤亡不断增加，加上天热，士兵中暑的越来越多，没有办法，皇太极只好下令退兵。

这次战役，明军依靠武器的优势，还有坚持打防守反击的战略思想，成功地打退了后金的进攻。

过去有种说法，明军大炮技术来自葡萄牙传教士。说明朝政府见葡萄牙传教士的教义跟自己的儒家文化不符，就驱逐了葡萄牙人。传教士波尔、米克耳两人发现明军在与后金交战中老吃亏，觉得有机可乘，便发动澳门的葡萄牙人，向明朝提供军费和炮手。明朝于是召回已经遣返的传教士。本来秘密传教变成了公开，大批葡萄牙教士和炮手进入中国。

后来明军在外国教士和技师指导之下自主铸炮。所铸成的大炮也给封了官，称为“安国全军平辽靖虏将军”，还派官祭炮，请将军发威破敌。后金直到多年后，才在投降的明朝铸造师的帮助下铸造大炮。

明军在宁远与后金展开了白刃战，双方打了个平手。可见明军在野战方面同后金军队有得一拼。

宁锦战役在军事上并无十分重要的意义，因为它并没有摧毁后金的主力，甚至没有削弱后金的战斗力。

然而在政治上，对士气与民心却有巨大的振奋作用，这使明朝军民知道后金骑兵不是不会打败仗。

经此一役之后，本来投降了清军的许多明朝官员和士兵又逃回来了。

宁远城头的大炮，轰碎了“后金不可战胜”的神话。

令清军丧胆的海底宝藏

红夷大炮在明末清初是当时世界上最先进的武器，前面已经说过，过去人们一直认为它是我们从葡萄牙手中买来的。

难道葡萄牙就是因为想在中国传教，便把最先进的武器卖给中国？

其实明朝得到的红夷大炮，是咱们自己从海底打捞上来的。这应该是中国古代难度最大的打捞工程。

这次打捞由时任肇庆副县长（推官）的邓士亮主持。明万历四十八年（1620 年），一艘名叫“独角兽号”的英国商船，行至广东沿海时遇到台风沉没了。

船上配有当时世界上最先进的火炮——“红夷大炮”，这种大炮以射程远、威力大而闻名于世。

当时距离潜水设备发明还有 400 年的时间，如何打捞起那些在船上固定得很死的大炮呢？要知道它们一架都有上千公斤。

当然这也难不倒有知识有文化的邓士亮。他专门让人定做了一艘超大的船，装满石头后，行驶到沉船正上方停下来。

接着让人潜到水底，将铁链子套到大炮上。浮出水面的士兵将铁链子固定在打捞船的三脚架上，一个类似于滑轮的东西，然后将满满的一船石头抛向海里。

利用浮力，将“红夷大炮”拉到接近水面的位置，最后依靠人力把它们拖到船上，再运到岸上那就简单了。

邓士亮肯定读过“曹冲称象”的故事，所以多读点书还是有意外收获的。

而整个打捞的重点，在于怎么确定沉船的位置，怎么潜入水底固定住大炮，要知道即使在沿海，海水的深度也在十几米以上。

这似乎就要靠一股运气，往往海边大河边总有这种能人，例如水泊梁山的浪里白条张顺。

被打捞上来的 22 门“红夷大炮”很快被送到了都城北京。其中 10 门交给了守宁远的袁崇焕将军。

天启六年（1626 年）的袁崇焕还不是将军，就是用这批架在城墙上的大炮，打退了努尔哈赤的大军。在皇太极栽了跟头的宁锦大捷中，红衣大炮也扮演了重要的角色。

邓士亮仅仅是造了一艘大船，就得到了这么珍贵的武器，性价比真是没的说。

所以在我们否定那些我们认为昏庸的皇帝、感觉奸佞无知的官员、觉得大逆不道的将领时，请不要轻易地否定那个我们认为动乱无常的年代。

再黑暗的时代，也有智慧的闪光。任何时候，都有能人出现。只不过因为奸臣当道，这些能人不能为国家所用罢了。泱泱中华，从来不缺人才，乱时缺的是提升人才的一个通道。

古人总结战争胜利的三个条件：天时、地利、人和，其中人和最为关键。而明朝这方面最让人闹心，内部的争斗从来就没有停止过。

第五章　悲剧的诞生——袁崇焕

从大侠到知县

袁崇焕，自他死后，是非功过，后人一直争论不休。古人讲究盖棺定论，但看前人对他的评价，却并没有定论。在明朝，他是一位叛逆者、卖国贼，是后金的“带路党”。在清朝，他就是英雄，是劲敌，是捍卫大明边疆的移动长城，是后世顶礼膜拜的对象。总之，不同的王朝会给你不同的解释。

而泛泛之众，几乎就读不懂他。

他有着钢铁一般的勇气，以一己之力抵挡 10 万铁骑。但他也是一个社会不和谐因素，不经朝廷批准，斩杀国家一品大员。而且也是一个不服从领导的“坏员工”，擅自调动部队，不和敌人交战，直接冲到北京城下要求进城。

这就是袁崇焕，虽然他生活在一个不幸的时代，但依照他我行我素的性格，不论什么时代、什么社会，他都会格格不入。这就注定了他的人生悲剧。

从某种意义上来说，性格决定命运。袁崇焕越是轰轰烈烈地战斗，叛逆不服管理的性格就越受到君主的猜疑。像他的前辈岳飞、于谦一样，每一次战斗都更进一步地把他推入悲剧的深渊，最后只落得“出师未捷身先死，长使英雄泪满襟”。

在那个风云变幻的时代，不光是他，大多数人都是不幸的。上到大明统治者崇祯、大清建立者皇太极、察哈尔部的首领林丹汗、朝鲜国王李倧，下到领不到饷银的士兵、生命朝不保夕的“流寇”、饥饿流离的百姓，在那个时代中，都在遭受和平年代无法想象的苦难。

每一个人在临死之时，都会深深地感觉到老天的不公。

但是在明末那样的乱世里，绝对没有一个可以找到公平的地方。当奋勇杀敌的将军死后无人收尸，投降敌人的将军享受荣华富贵，忠诚正直的大臣被人迫害，奸佞卑鄙的大臣掌握实权，命运在发生根本改变时，谁还会在乎什么是公理，何为正义。

所以袁崇焕只是那个时代的一个缩影，只是一个“小人物”。小人物的悲剧在于他们心中的苦和痛一点也不会比英雄们轻。但英雄们可以勇敢地奋战一场，在历史上留下痕迹，小人物却只能默默地忍受命运的摧残，然后悄无声息地湮灭，被历史淡忘，甚至篡改。

袁崇焕死得是有点惨，甚至有点冤，但是他的一生：金榜题名、战场立功、颁章授勋、平步青云，活得挺值了。

有一个很有趣的现象：

明末的人对袁崇焕的描写，说他身材短小、相貌丑陋，不适合出来做官；清朝坐稳江山后，开始为袁崇焕翻案，乾隆政府说袁崇焕相貌堂堂，为大明鞠躬尽瘁，死而后已。

清朝社会繁荣了以后，大家也就渐渐地把明朝忘了。乾隆虽然为他平了反，但袁崇焕也只有少数人知道和谈论。到了清朝末年，康有为、梁启超又把他请出来，以他的事迹开展国民教育，叫大家踊跃学习袁崇焕的精神。一夜之间，袁崇焕成了大英雄。

这个时候忽然很多人明白，袁崇焕是个英雄，可他比窦娥死得还冤。看来明朝的皇帝们太不厚道了、太坏了，必须推翻他们！

一个人不管他是不是英雄，能够过了360多年还能被人记起来，为他一个人的事争论不休，那么这个人肯定是个不平凡的人。

袁崇焕，广东人说是东莞人，广西人说是梧州藤县，到底是哪儿人、哪一年出生的，争论不休。

现在的两广，经济特区，对外贸易、沿海特色城市，旅游和贸易两手抓，想不肥都难。古代的两广是那种偏远之地。明朝实行海禁，没有对外贸易，气候潮湿闷热，更没有旅游业。当地居民也没有多大学问，民风淳朴、生活简单。

在这个偏远之地，能考上功名实属不易，所以小时候的袁崇焕在家乡就声名响亮。

他对朋友很大方，是个很有想法，并且敢做事情的人。可是他更喜欢谈论军事，一碰到退伍的老兵，总是拽住他们，问这问那。少年的时候他就立志要做一番事业。遇到习性相投的朋友，袁崇焕能不间断地聊上一天一夜。当然谈话的内容应该是武器和打仗的事儿。

但是光在家乡吟诗作画没用，年轻的袁崇焕得经历更大的考验，他要去北京参加会试。他的考场对手，不是家乡的淳朴乡亲，而是天下的精英。

打败他们，获取功名，光宗耀祖，怀着这种心情的袁崇焕拿起了笔，挥毫泼墨，在考卷上阐释治国之策。不过很可惜，袁崇焕落榜了。

毕竟天下能人太多，落榜后的袁崇焕索性以“大侠”自居，爱上了旅行。每次到北京参加考试，只要落榜，他就是去旅行，落榜—旅行—再落榜—再旅行，他几乎跑遍了半个中国。眼看着中国将提前出现一个“袁侠客”，袁崇焕的好运气来了。

功夫不负有心人，万历四十七年（1619 年），考了 4 回的袁崇焕终于取得了功名。虽然没有超水平发挥，且差一点又落榜，不过运气实在是好，袁崇焕考了三甲第四十名。

这个成绩好不好？北京的孔庙国子监记录着一切。找到袁崇焕那届的进士题名碑，按考试名次从上往下找，找烦了也找不到，从下往上找，5 个之内就能看见袁崇焕的名字。

成绩这么勉强，出将入相、建功立业这种事，袁崇焕该是无须操心了：匡扶社稷、名留青史，权且作为白日梦消遣吧。

万历四十七年（1619 年），当时的袁崇焕被分到了福建邵武去当知县。同年也传来明军在萨尔浒大败的消息，兵部右侍郎杨镐率 10 万余人出击后金，结果损兵 4 万余。国家处于危难之际，正值用人之际，袁崇焕的机会来了。

从县里到兵部

天启二年（1622年），袁崇焕到北京来做述职报告。

史书记载袁崇焕在福建工作干得不错，在当地百姓中口碑很好。他还关心国家大事，在军事方面有自己的想法。当时的大明辽东局势一片混乱，军事重镇辽阳都丢了，熊廷弼、王化贞都被撤职了——虽国家正值用人之际，也需要多几个背黑锅的。因此袁崇焕的才干和一番军事思想得到了侯恂（才子侯方域的父亲）的赏识，推举他到兵部任职。

侯恂，河南商丘人，也是东林党人。当时的东林党如日中天，阉党还不敢说话，皇上也小，所以没怎么费劲儿，袁崇焕就进入了兵部，在兵部职方司任职。不过，袁崇焕站错队了。

站队是个很有技术含量的活，站得质量好坏，对于个人发展有着紧密的联系。站了哪一队，就应承担相应的义务和责任，树立“情系全队，队荣我荣”的信念。袁崇焕站在了东林党一边，未来的阉党是不容的，这也为袁崇焕的人生悲剧埋下了伏笔。

袁崇焕到兵部任职后不久，明军在广宁大败，广宁失陷，敌军兵锋直指山海关，朝野震惊。北京宣布戒严，进入紧急备战状态。

对于关外的真实情况，由于当时通信不发达，谣言四起，搞得北京城里人心惶惶。

就在这个时候，袁崇焕孤身一人，骑着一匹马，到东北前线遛了一圈。

古书记载，兵部的同事发现袁崇焕不见了，都很着急，问他家里人也不知道他去哪里了。实际上，当时的情况是北京都戒严了，皇帝都躲后宫里不上班了，袁崇焕不过是个小人物，鬼才去找他呢。

没过多长时间，北京宣布解除备战状态，袁崇焕这才回到了北京，备战状态时出去没人管，进来没门，当时袁崇焕可能就睡在北京城边。

回来后还没等上级骂他擅离职守，他先汇报了前线的情况，并且拍着胸脯说，只要给兵士、武器和粮草，他就能守住山海关——“予我军马钱谷，我一人足守此！”

当时国家正是用人的时候，正愁找不到人去辽东背黑锅呢。朝廷大员看袁崇焕讲得头头是道，二话不说，立马就把他升为兵部职方司主事，派到山海关工作。

袁崇焕到了山海关后，辽东经略王在晋看来了个书生，就安排他去前屯卫做招抚善后的工作。

王在晋，字明初，明朝江苏太仓人，兵部尚书兼右副都御史，管理辽宁、北京的军事。此人没有多大的见识，胆子也不大，只想平平安安死在家中。

袁崇焕接到任命后，当夜就出发，穿过后金防线，天还未亮就到了中前所。

由于他身先士卒、赏罚分明，中前所官兵们对这个书生佩服得五体投地。

虽然如此，可还是出事了——自己带的士兵哗变了。

当时袁崇焕的“予我军马钱谷，我一人足守此”得到了兵部的一致好评，后来袁崇焕越想越觉得不对劲，便和兵部谈起了调兵的事。

袁崇焕认为广东陆军很能打仗，想让他的叔叔袁玉佩到广州老家招3000人，希望让他的死党谢尚政、洪安澜等领导。

袁崇焕又觉得广西兵不怕死，可以打硬仗。便再向上级申请，从广西田州、泗城、龙英州各调2000人，也由他的亲戚林翔凤带领。

从这点可以看出，袁崇焕是典型的“二愣子”，想啥说啥，根本就是不假思索。

此番奏折呈上去后，朝廷马上炸开了锅。

建国时，太祖皇帝朱元璋下令，部队由国家统一指挥，武将出征前领取兵符，才可调动兵马，而且不许用老乡，怕将军和士兵套近乎，变成私人部队。

你袁崇焕才不过是个主事的，调兵遣将是国家的事，这倒好，直接调用老乡5000人，统治部队的将领不是你家亲戚就是你死党。这支部队直接成了你的私人部队。这要到了辽东，天高皇帝远的，万一造反了怎么办?

当时东林党势力还在，袁崇焕又是侯恂推荐的人，自然很受重视。讨论了半天，认为非常时期行非常之事，袁崇焕的顾忌是对的。毕竟要去前线，又不是去旅游，一去不知道多少年才回来，带点同乡说说话也是可以的，以后万一为国捐躯了，同乡收拾尸首回家也认路。

但同意归同意，朝廷也给袁崇焕派了几个监军，监视袁崇焕一举一动。

对于这种行为，袁崇焕也没在意，马上着手新军筹备工作，就这样一支耗尽心血的部队，还是哗变了。

袁崇焕从广州带来的人，毕竟习惯了亚热带的气候，根本不适应北方的寒冷，住的又不是富丽繁华的北京，而是要命的前线。我们只是临时工，没必要那么奉献。很多人选择了回家。

士兵临走时，袁崇焕虽然气得咬牙切齿，但还得强颜欢笑。走的老乡问他，你是继续留在这里吃苦卖命呢，还是回家平平安安过日子？

袁崇焕写了一首诗作为回答：

边中送别

五载离家别路悠，送君寒浸宝刀头。
欲知肺腑同生死，何用安危问去留？
策杖只因图雪耻，横戈原不为封侯。
故园亲侣如相问，愧我边尘尚未收。

意思是说：

我和你曾同生共死，我的内心你还不明白吗？又何必问安危去留！

我在这里奋不顾身，本来不是为了富贵。故乡的亲友们如果问起，请你转告：边界还没有平静，你们心里怎么想的我不知道，我只有感到惭愧，当然要继续干下去。

当然要继续干下去，但是不会再用你们。此后，袁崇焕与辽东难民聊得不错，发现无家可归的人比他带的人可靠，毕竟外地人打仗积极性不高，最好别打，一脑门子就想着回家。而难民就不同了，本来就无家可归，心里还有满腔怒火无处发泄，叫他们打仗基本上不用动员。

在袁崇焕的管理下，中前所变成了一个坚不可破的堡垒，还多了一支精锐的部队。

王在晋不再小瞧这个书生，让他做了宁前兵备佥事。

接下来的事情，前面的书里已经讲过，袁崇焕在宁远让努尔哈赤栽了个大跟头。

袁崇焕也因此升官加薪、声名鹊起。

当时要想做高官就得巴结魏忠贤，虽然袁崇焕也会给魏公公修祠堂，但他的性格显然不够无耻，无法与魏公公更进一步，所以只有郁闷了。

努尔哈赤郁闷死了以后，皇太极接了班。上台后皇太极很快收拾了朝鲜，然后就发动了宁锦战役。前面已经说过，皇太极也得到和他老爹一样的结果。

袁崇焕因为不与魏忠贤站在一条线上，这次“大捷”后受到审查，袁崇焕一气之下，递交了辞职报告。

听到袁崇焕要离开宁远，辞官回家的消息，他的下属们都很生气，袁崇焕又写了一首诗给一个部将。

南还别陈翼所总戎

慷慨同仇日，间关百战时。
功高明主眷，心苦后人知。
麋鹿还山便，麒麟绘阁宜。
去留都莫讶，秋草正离离。

意思是说：

我们同仇敌忾，经历大小战斗不下百次，功劳不小，皇上对我们也不薄。

但我的苦心，却只有后人知道了。建功立业固然很好，回家休养也是不错。对于我的去留，大家不必感到不平。

回到老家的袁崇焕访庙寻碑，生活过得相当惬意，但是他的心中还有一份割舍不下的情怀。没办法，他就是个放不下国家或者说是功名的人。

从归乡到起用

对于袁崇焕这样有能力的人，朝廷也不会让他天天在老家喝茶、游山。

崇祯皇帝上台后，袁崇焕又当上了辽东经略，负责山海关、锦州、宁远地区的防务。

此时距离袁崇焕担任知县才6年时间，从边陲小官一跃成为封疆大吏，换谁都会有点飘飘然的感觉。

袁崇焕在广东老家的这几个月，实实在在地过起了文人的生活：金谷俊游、酒宴诗赋。其中最著名的酒友就是陈子壮。

陈子壮，广东南海人，同一年考上进士，成绩却比袁崇焕好太多了：他是当年的探花，全国第三，袁崇焕是最后几名，差点没考上。后来陈子壮被分配到浙江，在主持乡试时故意出题讽刺魏忠贤，丢了官。

袁陈两人同乡同年，又志同道合，交情自然非同寻常。

陈子壮在崇祯时也被重新起用，做到礼部右侍郎，后来在广东抵抗清军，战败被俘。他拒绝投降，最后被清军杀死。

当时与袁时常在一起聚会的，还有几个光孝寺的主持，不仅会琴棋书画，还精通兵法。据说还当上了袁崇焕的幕僚。

袁崇焕接到崇祯的聘任书上北京时，他在广东的朋友们替他饯行。

在这次送别宴中，袁崇焕的朋友们一起强调必须“功成身退”。大家对于帝王家的手段都深具戒心，所以在酒席中一再告诫他：你现在升官了，可以施展自己的抱负了，但要记住，别口无遮拦，冲动是魔鬼。

冲动说来就来

崇祯元年（1628年）七月份，袁崇焕到了北京，崇祯在平台召见了他。后人称为“平台召对”。

平台接见下属是明朝的一个制度。明朝万历中期以后，“从此君王不上朝”，便没有平台接见了。崇祯上台之后重新启动平台接见。

崇祯见到袁崇焕以后，先是赞扬一番，然后说道：

“建州女真叛乱已经有 10 个年头，致使全国人民都不得安宁，尤其是东北人民，百姓家破人亡。袁先生不远万里，从南方老家赶来为国家效力，真是可歌可泣。袁先生有什么好的对付叛军的策略，尽管说出来，有什么要求也一并提出来。”

领导让你谈谈想法，这是有深意的。正如公司面试时，面试官让你自我介绍一下，看看这个人的感觉，重新认识一下。

可袁崇焕以为这个少年是对自己客气，那就没跟这个少年客气。

袁崇焕大声说道：

“所有的平定东北的方法，我都写在我给您的奏章中了。只要您让我放手去做，我保证平定建州叛乱，恢复东北安定团结的局面。”

崇祯当时就蒙了。

因为袁崇焕的回答在崇祯听来就是：“你问的问题我早就在奏章中答复过你了，何必让我再重复一遍？”

这么要性子的回答，也不是没有脑子，是因为这类人很有能力，就是脾气不好，不懂得职场、官场的原则。很喜欢领导别人，却不会同他人合作，最关键的是不懂得体谅领导，结果可想而知了。

不尊重领导是很多牛人的毛病。在一个公司居功自傲，不把领导当回事，最多也就是丢了工作。在战争年代，身为高级将领不尊重上级，后果可就严重了。

这也注定了袁崇焕的出局。

但崇祯现在还得用袁崇焕，只好压着火接着聊。

结果越聊越开心，聊得袁崇焕神采奕奕、得意扬扬，脑袋一热，说出了历史上那句有名的话：

“计 5 年，全辽可复。”

冲动是魔鬼。

崇祯很高兴，也作出口头承诺：

“只要你 5 年内能够平定东北的叛乱，不单你个人会升官加俸，连你的子子孙孙都会受到国家的照顾。”

袁崇焕忙感谢皇帝的赏识，崇祯有点累了，便暂时下去休息。

崇祯的兵部给事中许誉卿等袁崇焕下来后，决定做个独家专访，便问他：

“你有什么方法可在5年内平定东北的叛乱？”

袁崇焕很平静地说：

“我就是怕皇上担心，这样说是为了安慰他老人家。”

许誉卿也蒙了。

跟随崇祯一年多，许誉卿知道皇帝的脾气，绝非善类，便好意提醒袁崇焕：

“现在的这个皇帝可英明得很，你怎么能够随便糊弄他呢？过了5年你完不成任务，看你怎么办！”

袁崇焕以前也没有跟崇祯接触过，还以为木匠哥哥好忽悠，弟弟也不怎么样。这下才发现自己犯了个错误。

冲动绝对是魔鬼。

过了一会儿，崇祯从休息室走出来，袁崇焕急忙迎上去解释：

“建州为了造反，已经准备40年了，现在东北的局势很难收拾。看到您整天为边疆的事操劳伤神，白天不能睡，晚上睡不着，做下属的怎么能说这件事情难呢。5年之内要想平定叛乱，必须事事顺手，最紧要是军费和粮草要跟得上。”

崇祯立马指示户部右侍郎王家桢去办这件事，务必使东北军的钱粮充足。

袁崇焕又说道：“女真兵强马壮，武器装备都很精良，士兵训练有素，那么希望东北军装备也一定精良。”

崇祯立即指示张维枢去办这件事，要求：“今后运到东北战场的武器，都必须标明制造者的名字，出了问题要一查到底，严厉处置相关负责人。”

袁崇焕接着说：“以属下的能力，平定东北的叛乱是没有问题的，就是怕这5年当中，京城的人瞎议论、挑拨是非，因此希望您能将东北方面的所有官员任免权交给我，这样我就可以全力对付女真人。”

崇祯站了起来，倾听袁崇焕的意见，一直站了很久，最后说道：

“你分析得很有道理，我都支持你。”

这样袁崇焕的所有要求都得到满足，并且拿到崇祯的“尚方宝剑”——成为真正的“东北王”。

谈话完了，崇祯举行宴会给袁崇焕饯行。

在这场“平台召对”中，崇祯是真诚的，袁崇焕要啥给啥，钱、粮、权，一样没少；袁崇焕是不真诚的，以辽东的局势，能镇守5年就不错了。

实际上这个社会，员工忽悠还得看人，忽悠一般领导，大不了走人。忽悠皇帝，那就不是走人了，得把命留下。

袁崇焕在向崇祯告别的时候，又上了个折子，提出有关东北军务的三个基本原则：

以辽人守辽土，以辽土养辽人。

调动东北人的爱国热情，让他们积极参与保家卫国的事业。鼓励军队开展大生产，实现自给自足。

守为正着，战为奇着，和为旁着。

战略防御为主导思想，有机会才打击对手，和谈只作为辅助手段。

法在渐不在骤，在实不在虚。

执行上述方策时，切忌急功近利，必须稳扎稳打，脚踏实地，一步一个脚印地执行，绝对不能冒险轻进，否则就会给敌人可乘之机。

崇祯看到袁崇焕的这份报告很高兴，决定再次奖励袁崇焕，赐了蟒袍、玉带与银币。不过，袁崇焕只领了钱。

在明代，蟒袍、玉带是一种身份的象征，只有上流社会的人才可以穿戴，玉带更是只有尚书以上级别的官员才可以穿戴。

这个时候袁崇焕还是保持着清醒的头脑，还有一定的自知之明。

小孩子就是这样，很容易相信人，但是你一旦伤害了他，就很难让他再相信你了，报复起来也是没有轻重的。

袁崇焕只看到小孩子好对付，没有想到小孩子承受打击的能力很弱。

就这样，意气风发的袁崇焕出发了：

重整旧戎衣，行途赋采薇。

…………

臣心期报国，誓唱凯歌归。

这时候的袁崇焕心里一定很美。

刚走半道，就有人来接他了。当然，不是给他开欢迎会，而是告诉他，您快点走，宁远出事了。

宁远已发生了兵变。

宁远是军事重镇，年年打仗。除去军饷、粮草、武器、衣物这些所需的费用外，还有打赢了得发奖金，打输了得补偿，打伤了得付医药费，打死了得付安家费。这些还不够，还有的黑心上级扣奖金、吃空缺，变相地管朝廷要钱。每年的军费都不够。

再加上最近大明运气不好，天灾年年不断。有天灾就没有收入，朝廷每年收入不足 200 万两，而辽东的经费却要 300 万两。

朝廷是真没钱了。

但当兵的不管这些，特别是四川兵与湖南、湖北的湖广兵，本来就不愿意来，也不愿意打仗，就想着混日子挣银子。4 个月没发饷银哗变了。

农民工要是不发工资，大不了上法院，走司法途径。这些士兵要是不发工资，手里又有家伙，那就走犯罪路线。

要是抢女真人，没这个胆量，也没这个实力，也就敢抢自己人。可怜的关宁巡抚毕自肃和总兵朱梅等就被绑架了。

普通的饷银纠纷变成了恶性抢劫绑架案，事情闹大了。

为了事态不进一步恶化，军方拿出当地政府所有的财政收入——2 万两银子，又向宁远的商人借了 5 万两，士兵们才不闹了。

但毕自肃是个老实人，兵变被革职后，害怕上面继续追查。其兄毕自严 3 次上书申诉，陈述这次兵变是由于缺乏粮饷所致，跟他没关系，请求保留其原来的官职待遇。朝廷中毕自肃虽然有靠山，但毕竟事情闹大了，不能只听一面之词，果断地驳回了请求。毕自肃后来越想越怕，居然上吊自杀了。

从普通的纠纷最后变成了国家大臣在家自杀。

袁崇焕第一天上班，应该是毕自肃带领文武百官夹道欢迎。这倒好，人家用自己送了一份“大礼”。

没办法，事情出来了，总要有人出来负责吧。

自己解决自己，别人也就不再说什么了。死者为大，这是我们的传统。

但事情已经出了，袁崇焕必须在上面追查下来之前解决，必须给死者家属、亲戚一个说法，否则很可能再来一次兵变。

袁崇焕没有毕自肃的好脾气，八月初到达宁远，先处理掉了几个带头闹事的士兵。

虽然他们事出有因，但抢劫绑架罪名成立，间接逼死国家高级官员，证据确凿，所以直接宣判死刑，驳回上诉，就地正法。

随后又惩处了几名军官，其中之一是后来大大有名的左良玉，当时是辽东车右营都司，又杀了知道兵变预谋而不报的通信军官。

这场兵变算是平静下来了。

不过，这只是暂时的。

由于北京的饷银迟迟没有到达，锦州与蓟镇的士兵又发生了兵变。

袁崇焕作为士兵们的衣食父母，只有不断地上奏章，向北京要钱。

崇祯的回答很干脆：没钱。

前面已经说过，崇祯从小就过惯了苦日子，结了婚还住二手房，整天穿着有补丁的衣服，性格中也有他的爷爷万历的遗传，喜欢存钱，不舍得花钱。谁向他要钱，就会心疼。

而且朝廷也没钱。

袁崇焕不高兴了：前面说得好好的，要多少钱就给多少钱。

崇祯也不高兴了：我也就是说说，如果真拿出来，我是肯定不舍得的，再说我确实没有钱。

袁崇焕急了，再不发钱下一个被绑架的就是我。与其被士兵威胁不如威胁上面，不停地向崇祯打报告：现在士兵情绪很不稳定，希望朝廷早点拿出钱来安抚。

崇祯也急了：我就是没钱，叫你去辽东就是解决事情的，别什么事都劳烦我。

袁崇焕疯了：再不发钱的话我就不干了，到时候辽东您自己干吧。

崇祯也疯了：你走了我怎么办，到时候士兵哗变了，引起连锁反应，不用敌人来，自己的位置就保不住了。

十月初二，崇祯在文华殿集群臣商议。

时任礼部右侍郎周延儒却不这样认为，他觉得士兵暴动，绝不单单是因为没有发饷，一定另有隐情，不然别处士兵怎么不闹事。

周延儒，江苏宜兴人，相貌十分漂亮，更是个考试高手，20 岁就获得了进士，后来官至首辅。他在《明史》中被列入《奸臣传》。这绝对是一个“光荣的纪录”，因为明史奸臣就没有几个。

本来这人也不坏，后来当了首辅，也做了些好事，只不过他事事迎合崇祯的心意。

这次周延儒也没有例外，迎合崇祯的心意阐述了自己的观点：

“袁崇焕也越来越大胆了，刚上任什么成绩还没有做出来，就提这种无理的要求，还以威胁的口吻。这种人皇上不用理会。”

他的观点很快就淹没在群臣的口水中。

户部尚书毕自严首先发言，从感谢袁崇焕为他弟弟报仇开始，用了很多观点详细地阐明了辽东的局势，最后告诉皇帝，袁崇焕说的是对的，我的弟弟也是可以不用死的，咱们明朝还是有钱的。

皇帝听了以后很高兴，刚想问钱在哪里，就看见毕自严不怀好意地看着自己。

原来如此，没门。

崇祯也知道国库里没有钱了，但他有钱。

在明代，皇帝的钱和国家的钱是分开存放的，史称“内帑”。这是皇帝自己的钱，也就是皇帝自己的工资。如果出现国库空虚，明君一般都会动用自己的钱，毕竟明朝是自己家的，只能自负盈亏。

但崇祯有他爷爷万历的性格，就喜欢存钱，从来不花，这几年也存了不少钱，所以毕自严打上了崇祯私房钱的主意。

崇祯也明白毕自严的意思，但绝对不花钱，就问大家的意思。

史称："群臣无异议。"

崇祯很生气，质问他们："如果军官们对待士兵，像对待自己的孩子一样，士兵们会出来闹事吗？"

周延儒揣摩到了崇祯的心思，趁机说道：

"古人虽罗雀掘鼠，而军心不变。现在各处兵卒为什么动辄鼓噪，其中必有缘故。袁崇焕此人治军能力，还请皇上明察。"

这番言论非常歹毒，所谓"罗雀掘鼠"，是指唐安史之乱时，张巡在睢阳被叛兵围困，苦守日久，军中无食，士兵与他同甘苦共患难，张网捉雀、掘穴捕鼠来充饥，死守不屈。周延儒的意思是，袁崇焕口口声声以辽人守辽土，以辽土养辽人，应该实现自给自足。出现一点点问题就管朝廷要钱，袁崇焕是否与士兵同甘苦，这些钱是否发给士兵了，还请皇帝三思。

从这点可看出，周延儒绝对是个奸臣。

士兵哗变，国家到了危急时刻，他却忽悠皇帝：

不是皇帝不发饷，怪带兵的将帅对待士兵的态度不好。主帅若能待士兵如家人父子，没有粮饷，士兵饿死也是不会吵的。

俗语都说"皇帝不差饿兵"，周延儒却告诉皇上，饿兵自己可以捉老鼠吃。

这种混账逻辑马上遭到群臣的谩骂，周延儒很快又被淹没在群臣的口水中。

崇祯生气了，眼看着替自己说话的周延儒在挨骂。

"周爱卿，你说得很对。如果动不动就来掏我的腰包，各地的边防军都学这个样子，我的私房钱岂不是都花完了？"

崇祯越说越激动，越激动越生气，年轻人生起气来，往往得激动半天。

群臣看见皇帝在激动，就不招惹皇上了，把矛头直指周延儒，先告诉周延儒你这种思想是错误的，你要改变，否则有人收拾你。并且间接告诉皇上，今天你要不拿出钱，这事没完。

在群臣连蒙带骗的压力下，周延儒反水了。

“现在情况紧急，您拿出私房钱救急，也只好这样了，但是这不是长久的办法，希望想出一个长远的计策。”

接下来的事情就好办了，唯一的亲信跑路了，皇上成光杆司令了。

无论皇帝如何软磨硬泡，大臣就是一句话：“您有钱。”

折腾到最后，皇帝只能认栽了。认栽归认栽，钱也不能全给。袁崇焕开价 80 万两，打了个折，送过去 30 万两。

袁崇焕没再要，毕竟知道钱是怎么来的，只是照例上了一封奏折，代表辽东士兵感谢皇帝慷慨解囊，爱护百姓之类的话，安抚一下皇帝脆弱的心。

我相信，皇帝在看到这封奏折时一定咬牙切齿：“袁崇焕，别再给我找事了！”

富庶的据点

如果说逼皇帝给钱是形势所迫，接着袁崇焕又自作主张，杀掉跟自己级别相当的毛文龙，这真的有点过分了。

毛文龙，浙江杭州人，上学不怎么的，长大了以后天天无事可做，就喜欢下围棋，经常熬夜下棋，爱说：杀得北斗归南。捧他场的人，说他的棋友中有一个道士，从围棋中传授了他兵法。

如果真有这样的事，估计那个道士是个冒牌货，因为毛文龙的兵法实在并不高明。

后来他舅舅在兵部做官，所以他也参了军。

这里有一个传说：

毛文龙上京去投靠舅舅的前夕，睡在于庙（于谦的庙，杭州也有一处，与杭州岳庙并称）里，梦到于谦写了 16 个字给他：

“欲效淮阴，老了一半。好个田横，无人作伴。”

于谦，浙江杭州人。正统十四年（1449 年），发生土木堡之变，明英宗被瓦剌俘虏。于谦主持北京保卫战，击退了瓦剌，拥立英宗的弟弟代宗即位。

后来瓦剌放回了英宗，英宗发动政变，夺回王位，同时也杀死了于谦。

于谦在梦中调侃自己的老乡，把他比作汉朝初年的韩信、田横。

这 16 个字后来果然应验了：韩信 27 岁为大将，毛文龙 54 岁为大将；田横在岛上自杀时，有 500 壮士集体自杀相陪，毛文龙在岛上被杀，死的只他 1 人。

虽然毛文龙与韩信、田横没得比，但他死后还是有人纪念他。

明朝吴国华作诗曰：“好收战骨鸥夷里，归葬西湖岳墓边。”

至少在当时，毛文龙的人气还是蛮高的。

毛文龙到北京后，得他舅舅推荐，到东北去投辽东总兵李成梁，后来在袁应泰、王化贞两人手下弄到了一个位子。毕竟有关系，就是不一样。

由于不会打仗，只能造火药和练兵，这时的毛文龙只是一个后勤人员。

辽东失陷后，辽东的部队全往关内跑。由于信息不通畅，毛文龙没跑成，只好带着一批部队，在东北沿海各岛和东北、朝鲜边界混来混去。

回到明朝的路都被封死了，毛文龙索性就在朝鲜建立了据点，招纳东北退下来的散兵和难民，势力渐渐扩充，找到一个机会，趁着夜黑风高领着 200 人，悄悄地渡过鸭绿江，袭击了镇江城，俘虏了后金的守将。

对于这种稀罕事，辽东巡抚王化贞自然高兴，没想到在沦陷区还有我军一支游击队，马上向朝廷极力推荐，并升了他的官，驻守镇江城。

但他的军事行为惹恼了努尔哈赤，不久后金大军反攻，镇江城又丢了。

毛文龙将据点迁到皮岛，自己仍在边境打游击。

皮岛在鸭绿江口，与朝鲜本土仅一水之隔，水面距离和长江的宽度差不多，北岸便是朝鲜的宣川、铁山。努尔哈赤没有水军，干看着没辙。

那时的朝鲜，因为邻近东北，从东北逃出来的难民和散兵纷纷涌入，喧宾夺主，明人占了当地居民的十分之七，朝鲜人只占十分之三。毛文龙建立据点后，着手招纳明人，声势渐盛。原本只有 200 人，后来袁崇焕上岛一查，查出 3 万多。

明朝特别为他设立一个军区，叫作东江镇，毛文龙为总兵。

那时袁崇焕刚到山海关，还没有出名。明朝唯一能与后金军队打一下的，只有毛文龙的军队了。

当时著名书法家董其昌说过："要是再有一个毛文龙，就能抓住努尔哈赤，收复东北的失地。"

可见当时毛文龙的声望很高，公众影响力很不一般，社会舆论很好。

毛文龙的官也是越做越大，不断升迁，最高做到左军都督的位置，并且握有天启皇帝的"尚方宝剑"。

天启皇帝提到他时称他为"毛帅"，不直呼他的名字。

被称为"毛帅"的毛文龙信心满满，调动部队，准备生擒努尔哈赤。

天启四年（1624 年）五月，"毛帅"第一次出兵，派军跨过鸭绿江，越过长白山，直接攻击后金东部，被守将击败，全军覆没。

天启四年（1624 年）八月，"毛帅"第二次出兵，目标不是进攻，只是找地屯田，为以后进攻做准备。结果被后金发现，遭到重创，田也没了。

天启五年（1625 年）六月及同年八月：不甘心的"毛帅"又两次派兵袭击后金城寨，两次都被打败，全军覆没。

天启六年（1626 年）五月，"毛帅"又出兵进攻鞍山驿，这次败得最惨，死了 1000 多人，连游击李良美都被擒了。

天启六年（1626 年）十二月，孤注一掷的"毛帅"进攻萨尔浒，想制造"萨尔浒大捷"告诉朝廷，在哪里跌倒在哪里爬起来。梦想挺好，现实是残酷的。被萨尔浒守军击败。

以上是"毛帅"主动出击的记录，就一个字"惨"。

毛文龙打仗不怎么在行，可是连年袭击后金腹地，虽然屡战屡败，却也能屡败屡战，对后金还是有牵制作用的，功劳还是有的。

天启七年（1627 年）正月，后金军队进攻朝鲜，毛文龙出兵不断在后方搞破坏。努尔哈赤终于急了："这些年就像一只蚊子一样，在我耳边嗡嗡叫，烦死了，我先打死你。"后金分重兵去攻打毛文龙驻守的铁山。

寡不敌众，毛文龙大败。在陆地上混不下去了，他下海逃回了皮岛。

上了皮岛之后，有了大海的阻隔，不用提防后金的部队，毛文龙的安全感倍增，加之又上了年纪，很快就颓废起来。

连续四年，败仗不断，毛文龙开始干起老本行，在皮岛大做生意，对过往商船征税，权当海上买路钱。还派人去东北和朝鲜挖人参，开通海上贸易通道，牟取暴利。

而且还要两面派，一方面向明朝要粮要钱，另一方面又向朝鲜要粮要钱。理由也很搞笑，我帮你们朝鲜对付后金军，多少得给点保护费吧。

朝鲜方面也只得时时运粮给他，明朝也一味地给他升官加俸，有了钱粮以后，毛文龙全拿去做生意，对打仗更加没有兴趣了。

当时皮岛有驻军28000人，战马3000多匹，皮岛之东的身弥岛驻兵1000多人。毛文龙俨然成了一个"土皇帝"。

宁锦大战时，袁崇焕曾向毛文龙求援，这厮身拥重兵，竟不发一兵一卒，也不出击后金后方作牵制。

对于毛文龙这种做法，袁崇焕当然极不满意，但因管不着他，无可奈何。

毛文龙这个人非常会来事。天启年间，女真地区和明朝关系紧张，双方停止贸易，毛文龙趁机送魏忠贤和其他太监、大臣东北货，人参、貂皮、鹿茸都是一车一车拉。

魏忠贤虽然没读过书，但也是个"实在人"，你对我好，我常记得，因此处处维护毛文龙。

天启五年（1625年），都察院的麦之令弹劾毛文龙，认为他无作为，东北的军务不能依靠他。

魏忠贤极力袒护毛文龙，找了个理由，把麦之令杀了。

这样一来，所有反对魏忠贤的东林党之流都恨死了毛文龙。

从见面到见阎王

崇祯即位后，毛文龙涛声依旧，不改作风。

朝廷觉得皮岛耗费军费太多，要派人去核实查账，毛文龙多方推托，总之是不欢迎朝廷人员驾临。

更有从朝鲜来的使者记载：毛文龙每天吃五餐，其中三餐有菜肴五六十品，宠妾八九人，珠翠满身，侍女甚多，俨然成了皇帝。

而朝廷对这些事睁一只眼闭一只眼，毕竟毛文龙所在的皮岛，在敌后。去那里太麻烦，要是派个人过去，没准就成俘虏了。除非出现大事，平时谁也不愿去。

可袁崇焕不怕麻烦。

袁崇焕现在的职位，理论上是有权管到皮岛东江镇的。袁崇焕建议运送皮岛的所有物资要先经过宁远，再由宁远转运。意思是先交给袁崇焕控制，再由袁崇焕发给毛文龙。间接指挥那个天高皇帝远的土财主。

对于这些主张，毛文龙的反应只有两个字：不行。

朝中有人说话就是不一样，袁崇焕的奏折被驳回了，朝廷一致支持毛文龙。没办法，拿人手短，吃人嘴软，家里老人还指着人参、鹿茸呢，没了毛文龙我们上哪里拿去？

而且人家手里有人，而且是很多人。万一逼急了，造反投敌了怎么办？

这件事，袁崇焕看在眼里，恨在心里。

毕竟我告诉过当今圣上，要5年平定辽东，现在连自己人都摆平不了，如何平定辽东。

袁崇焕本来就是个不服管的人，这种人绝对不会找一个不听话的下属。

早在崇祯元年（1628年），袁崇焕就因为宁锦大战时，毛文龙不支援这事耿耿于怀，向内阁大学士钱龙锡告了状。

钱龙锡搞政治是好手，对军事基本抓瞎，只能请教袁崇焕：“你打算怎么办？”

袁崇焕想了想说：“可用则用之，不用则杀之。”

这还不算，连方法都想好了：“入其军，斩其帅。”

钱龙锡呆若木鸡，一时也没什么好主意，只是告诉袁崇焕，要杀毛文龙，一定要慎重从事。

有人说话总是这样，说了等于没说，总之不会告诉你他的真实意思。慎重，可以理解为不能杀毛文龙，也可以理解为可以谨慎点、悄悄地杀。

真实想法，只有钱龙锡自己知道。送走了袁崇焕，钱龙锡感觉到，要出大事。

袁崇焕可不是怕事的主，他决定解决这件事。

崇祯二年（1629 年）五月二十二日，袁崇焕离开宁远，去和毛文龙会谈。

地点约定在旅顺附近的一个小岛上，这小岛叫双岛。

从宁远经渤海到旅顺，和从皮岛经黄海到旅顺，海上路程基本相等，所以旅顺是一个中间点，也可说是中间地带。袁崇焕比毛文龙职位高，上级见下级都跑这么远，可见给了毛文龙很大面子。

还有一点，毛文龙知道袁崇焕对自己不满，如果约他到宁远开会，他是不肯来的。袁崇焕也不敢贸然去皮岛，毕竟那是人家的地头。所以只能选一个中间点。

袁崇焕一行人驾驶 39 艘军舰，浩浩荡荡地出发了。出发前先试放了船上的西洋大炮，毕竟万一出个事，心里也好有个底。

自己人开个会，要带着这么多人，表明了要干掉毛文龙。

二十六日到双岛，山东登州的军官带了战船 48 艘来会合。

二十七日到岛山停泊，旅顺的军官前来参见。

寒暄后袁崇焕带军官们上山，到龙王庙去拜龙王。

随后对众军官训话：

“明朝创立时，陆战、海战能力都很强，这才推翻了元朝。现在我们的对手后金，他们不下海，不需要海军对付，所以希望海军也能陆战。”

袁崇焕要将双岛海军训练成为陆军。

说白了就是告诉你们，我才是你们的最高长官。

六月初一，毛文龙率领官兵到达岛上，与袁崇焕寒暄一下，然后开始“鸿门宴”。

会谈在热情洋溢的气氛下进行，双方本着睦邻友好、和谐进步的原则，就共同感兴趣的问题交换了意见，希望双方在各个方面进一步合作。

接下来，就细节问题展开讨论。

六月初一：

两个人第一次交锋。

谈话内容：

袁崇焕：“当今皇帝圣明，重用你我二人，咱俩务必同舟共济，方能成功。”

毛文龙：“当今皇帝是圣明，但很容易受奸人（就是你）挑唆，远不如天启皇帝对我的知遇之恩。”

袁崇焕：“阁下对于复辽有何方略？”

毛文龙：“你的兵马都没用，只要用我的人，放把火，保证灭了敌人。”

谈的结果：

毛文龙狂妄自大，不把袁崇焕放在眼里。一该死。

六月初二：

袁崇焕上岛，犒赏毛文龙的属下，两个人第二次交锋。

袁崇焕：“我这里有朝廷派来的劳军物资，你把士兵都叫过来，按人头发放。”

毛文龙：“我这有兵士名册，一共 3000 人，按上面发就行。”

袁崇焕：“你这名册上士兵怎么都姓毛？”

毛文龙：“他们都是我义子、义孙。”

谈的结果：

毛文龙奸诈狡猾，不仅拥有私人武装，还隐藏真实部队人数。二该死。

六月初三：

两个人第三次交锋。

袁崇焕：“你劳苦功高，这样吧，我在皮岛设文官监军，帮你打理日常工作，军费方面由宁远转发，由我来替你管账。”

毛文龙：“我也想这样，只是好多事离开我不行。”

袁崇焕：“你在边境这么久，还是回老家杭州休息休息吧。”

毛文龙：“我也想这样，只是女真还在，走不了。”

袁崇焕：“女真无所谓，会有人接替你的。”

毛文龙：“谁能接替我？”

谈的结果：

还谈什么呀，毛文龙必死无疑。

当晚袁崇焕让助手汪翥上船密议，一直到天亮。通宵部署，要杀毛文龙。

六月初四：

袁崇焕犒赏毛部将士共3575名，军官每名三五两不等，士兵每人也都获得了一点好处。而且又将带来的军费10万两送给了毛军。

同时和毛文龙划分职权，此后旅顺以东由毛指挥，旅顺以西由袁指挥。毛文龙收到大笔银子，对指挥权的区划又十分满意，减少了警惕。

要想干掉一个人，最好的办法就是让他放松警惕。

六月初五：

袁崇焕邀毛文龙一起检阅将士比赛射箭。

见面后，袁崇焕说：“我明天要回宁远了。毛将军为国操劳，请受我一拜。”说着下拜。

毛文龙一愣，立马跪下还礼。

一边走一边聊，袁崇焕谈笑风生。而毛文龙面露窘相，总感觉有点不对劲。

大家上山后，袁崇焕随便问了几个毛文龙手下将官的姓名，居然大多数姓毛。袁崇焕便问道：“这些可是你义子、义孙？”

毛文龙说：“这些都是我的义子、义孙。”

袁崇焕感慨万分：“你们在海外辛苦了，每个月只有五斗米的粮，甚至家中几口人都分食此粮，想起来令人痛心。请大家受我一拜，感谢你们为国家尽力，以后大家不必担心没有粮饷。我这里还有一些赏赐，你们到

那边去领吧。”

毛文龙的“义子义孙们”顺着袁崇焕手指的方向去领赏。

袁崇焕的亲信——军官谢尚政，指挥各营士兵布成一个大圈。

圈内只有毛文龙和随从几个人，大部分毛文龙的兵丁都隔在圈外。

袁崇焕笑了笑，随便问了毛文龙几个问题，都是这几天已经讨论过的问题。毛文龙很郁闷：“都是没用的问题，讨论它们干什么？”抗辩了几句。

只见袁崇焕挥挥手，冲出来四个彪形大汉，不由分说，就将毛文龙五花大绑。而刚才那位一脸和气、和蔼可亲的袁崇焕瞬间没有了，变成了一位面露凶色、杀气腾腾的袁崇焕。

“我好心好意地与你说了三天，只希望你回头。没有想到你狼子野心，死不悔改。你看不起我也就算了，国法岂能容你？”

说着叫人摘掉毛文龙的乌纱帽。

毛文龙毕竟是见过大场面的，态度仍是十分倔强，自称无罪有功。毛文龙的部将一看主将被抓，嚷嚷着要救人。

袁崇焕大声呵斥道：

“你以为我是个书生，便瞧不起我，我也是个能管住将领的人。你说没有罪吗？你犯了十二条大罪。”

接着将这十二条罪状一一列举出来，毛文龙魂不附体，只有叩头求饶。

袁崇焕问毛文龙的部将：

“毛文龙该杀吗？”

诸将都吓得不敢吭声。

有人说毛文龙这些年来虽无功劳，但也辛苦出力。

袁崇焕呵斥道：

“毛文龙本来只不过是个寻常百姓，现在位居高官，所有家属都受到国家照顾，已经足以抵消他的功劳了。他还大逆不道。”

于是请出“尚方宝剑”，解决了毛文龙。同时告诫毛文龙的部将，只是处罚毛文龙一个人，与你们没有关系。

毛文龙的部将都吓呆了，看着自己的将军被处决了。

人死了，接着是善后。毛文龙手下几万人，大部分都是亲信，要想安抚他们，不是一件容易事。

首先是安抚众人。我只杀他一人，跟大家没关系。

其次是物质奖励。见者有份，反正也是死人毛文龙的钱，花点也没什么事。

最后是安排人员变动。先安排毛文龙的儿子毛承禄代理，随后又换了一批将领，安排自己的亲信。

最后再来一狠招。

六月初六：

开吊拜奠，袁崇焕亲自披麻挂孝，实实在在给毛文龙当了一回儿子。

“昨日斩你，是为了朝廷大法。今日祭你，是为了同僚情谊。”

说罢号啕大哭，泪流满面。哭得天地为之动情，部将无不感动。

不管真哭假哭，这几轮下来，效果很好，毛文龙的部队没有意见，也没人造反，袁崇焕很高兴。

高兴归高兴，袁崇焕知道自己犯了个什么错误，急忙向崇祯认错，请求他狠狠地处罚自己。

崇祯得到这个消息后，非常吃惊，但一想人已经死了，收拾东北的残局还得靠袁崇焕。

袁崇焕，我再忍你一次。

朝廷公布了毛文龙的罪状，通令嘉奖袁崇焕，以安袁崇焕的心。

袁崇焕没想到杀人还杀出奖励，高兴得不行。

但当时社会舆论的压力，在把袁崇焕一步步逼上绝境。

明朝末年小说盛行，有人写了小说称赞毛文龙。

一部是四十回的《辽海丹忠录》，杭州人陆云龙所作，极力吹捧同乡毛文龙。另一部是没有署名的《铁冠图》（不是讲李自成事迹的那一部），以毛文龙为主人公。

当时大名人，著名文化人陈眉公对“杀毛事件”抨击十分尖锐。另一个大名人钱谦益是毛文龙的朋友，他也力挺毛文龙，他的言论对朝野舆论很有影响。

钱谦益（1582—1664），字受之，号牧斋，晚号蒙叟、东涧老人，学者称虞山先生。清初诗坛的盟主之一，常熟人，殿试第三名，进士学历。

钱谦益为明末东林党领袖之一，颇有影响力。崇祯死后，拥立南明福王政权，后来投奔清朝，官至礼部侍郎，但很快就以伤病为由，辞职回老家。回家后与反清势力保持联系。著有《初学集》《有学集》《投笔集》，乾隆时被焚毁。

还有一部书叫《明季北略》。

《明季北略》甚至说：袁崇焕捏造十二条罪名害死了毛文龙，与秦桧以十二道金牌害死岳飞完全一样。

《明季北略》是记载明万历至崇祯时期北方地区史实的史书，清初计六奇撰。计六奇字用宾，号天节子，别号九峰居士，江苏无锡人。

全书共24卷，自万历二十三年（1595年）清太祖努尔哈赤兴起东北始，止于崇祯十七年（1644年）吴三桂引清兵入关。

社会舆论的压力是很大的。

那时不像现在有新闻广播，可以上网冲浪，交通系统也不发达，所以消息传播的方式比较单一。

官方的传播靠驿站，崇祯上台后，把驿站精简了，效率还是那样。

民间就要靠听说了，一般去茶馆中喝茶，听别人乱侃，但茶馆伙计会告诉你，这些是要收钱的。付不起茶钱的话你还可以去看书。如果你不识字，也进不起茶馆，不好意思，你只有从茶馆中出来的人那里再听说了。

这样的传播体系就很有问题，没办法，当时没有记者，无法调查真相，老百姓只有听说再听说了。

进得起茶馆，认得几个字，在当时就是一种身份的象征，也掌握部分舆论的话语权。如果能写书，我的乖乖，那就更不得了，你知道什么、听说什么，别人就只有相信什么了。

你说袁崇焕是个坏人，毛文龙是好人，既然见过他们的人说他们是这样子，老百姓也就相信了。

在熟人社会中，人们总喜欢把人按照家族或者地域划分。而同乡、师生、政治合作关系形成的关系网，就深深地植入明代社会。

袁崇焕杀毛文龙闪烁着党派斗争的影子，上述力挺毛文龙的人多来自苏杭地区，也可以看出同乡的情谊。

从保安到导游

袁崇焕呢，就是个不懂得轻重的人。

刚杀了毛文龙，袁崇焕紧接着向政府要军费，理由是不能拖欠士兵的饷银，报告中的语气更加不把朝廷放在眼里。

袁崇焕说，如果不发士兵饷银，他们就会兵变，士兵变成大盗，军官会掉脑袋，这样就会陷入“拖欠饷银—兵变—杀军官—拖欠饷银”的恶性循环。

奏折送到崇祯手里，崇祯又气又恨。你刚抄了毛文龙的家，一分钱都没上缴国库，现在还管我要？

崇祯有点后悔了，“平台召对”时说得慷慨激昂，一上任啥都没整，先干掉了帮大明支撑8年的毛总兵，现在天天催着要钱。袁崇焕到底是个什么人？

但毕竟现在辽东离开他不行，还得哄着。崇祯回复袁崇焕：“国库没钱了，你刚抄了毛文龙的家，抄家钱也不用上缴了，先当军费吧，要是不够你们自己想办法。”

袁崇焕达到了目的，终于把毛文龙的家产拿到手了，也就没再说什么。

君臣就这样稀里糊涂地合作着，袁崇焕想干什么从不跟崇祯打报告，崇祯下的旨意袁崇焕也不执行。

无所谓，反正咱俩有合约，5 年平辽。

“你想干啥就干啥，5 年之后平不了辽东，到时候就收拾你。”崇祯是这样想的。

“还有 5 年时间呢，5 年后鬼才知道什么样呢，到时候再说。”袁崇焕是这样想的。

可有一个人不是这样想的，因为他的搅局，崇祯和袁崇焕没能看见 5 年后的情景。

崇祯二年（1629 年）十月，皇太极熬不住了。为什么呢？又到了秋冬季节，家里没粮食了，上次宁锦大战又没收获。没办法，咱生产水平不高，只有向明朝方面要点儿了。

宁锦大战的失利，使皇太极认识到，山海关这条路目前太难走了，这时第一秘书范文程站出来了。

范文程（1597—1666 年），汉族人，字宪斗，辽东沈阳卫（今沈阳市）人，学问一般，18 岁时才补了个秀才。后来入朝为官，被东林党排挤，没有办法，只好隐居。估计是被人排挤下岗，心里憋着火无处发泄。万历四十六年（1618 年），八旗军攻下抚顺，范文程与兄马上就归顺后金，成为努尔哈赤重要谋士，天天“参与帷幄”，还到处炫耀自己是范仲淹的后裔。北宋名相范仲淹要是知道自己有这么一个子孙，估计都能自杀了。

范文程建议：

避开山海关，借道蒙古部，从西路进攻明军，攻击蓟州，也就是从今天山西、河北一带，突袭明朝。

此次西去，可谓困难重重：

要经过草原，当时很多蒙古部落还没有归顺后金，趁火打劫的事可能无法避免；

路途遥远，还要经过大片的沙漠。势必造成士兵疲惫、车马劳顿，以疲劳之师袭击胜算不大。当时运输能力有限，很难保证粮食的有效供给；

即使越过了长城一线，但是很快就会被明朝的援军包围，一旦打败，想回东北就困难了。

后金方面为这次远征，也分成了两派。

一派以代善、莽古尔泰为首。当时代善 46 岁，是皇太极的二哥，莽古尔泰 42 岁，是皇太极的五哥，两人比较老成持重。他们反对进军主张。

另一派以大将岳托与济尔哈朗等人为代表，当时都是30多岁，典型的少壮派，他们坚决拥护进军主张。

最终在皇太极的坚持下，后金军队决定冒险进攻。皇太极也知道此行凶多吉少，因此制定了严格的军令：

不准吃明人的熟食，以防他们下毒；

不准过量饮酒；

采取柴草时，必须集体行动，不能落单。

从这里可以看出，皇太极对于这次军事行动心里没底，估计连遗书都写好了。

这次进攻的目标，就是蓟州。

蓟州是北京的北门户，自古就是明朝防区的重中之重。大明历代都将自己最强的武将放在这里。上一次辉煌还得追溯到明万历初期，那个时候国家是张居正说了算，大笔一挥，镇守这里的就是你了——戚继光。戚继光镇守蓟州时，将蓟州防守得滴水不漏。敌军一听防守大将是戚继光就头疼。只是后来明朝的进攻与防御主体向辽东方向发展，蓟州又久无战事，慢慢地防御薄弱了。

当然，朝廷也有明白人。袁崇焕就是一个，曾经多次上疏告诉崇祯："臣在辽东，女真根本就打不过来。只是蓟州防御太薄弱，要是敌人联通蒙古各部，从蓟州进攻，北京就危险了。"

不知道出于什么原因，袁崇焕的建议都没有引起崇祯的重视。

崇祯二年（1629年），后金军队忽然在蓟州出现，攻破长城重要关口——龙井关，崇祯和西北的守军们都慌了神。这些年明军的注意力主要在东北方向，蓟州的防御薄弱从崇祯到守军都是明白的。

后金军队兵分三路，没有遇到有效的抵抗，顺利突破长城，来到遵化城下。

遵化自古就是军事重镇。如果失守，北京将无险可守。皇太极来了后也没客气，将这里变成了废墟。不知道怎么回事，清朝后来还觉得这里风水不错，建成了皇家陵墓。再后来孙殿英又把皇家陵墓变成了废墟，这就是所谓的因果报应。

但皇太极现在没工夫学佛，现在必须攻下遵化，后金军队才可以长驱直入，直逼北京城。

袁崇焕得知后金军队从西线发动攻势后，急忙派遣精锐部队，兵分两路赶去增援。

一路由守山海关的赵率教率领，让他带着4000骑兵西上堵截后金军队。

另外一路由袁崇焕亲自带队，陪同的还有祖大寿、何可纲等大将，他们从南路西去保卫北京。沿途所经抚宁、永平、迁安、丰润、玉田等地，都留兵驻防，准备截断后金军队的归路。

袁崇焕把能带的全带上了，看这架势，就没打算活着回去。

崇祯正在担心忧虑中，得知袁崇焕带兵来增援了，心里十分高兴，不仅自掏腰包，以物质奖励军队，而且还任命袁崇焕为各路增援军队的总指挥。

这也是袁崇焕上任以来唯一让朝廷高兴的事情了。

随后崇祯就不高兴了。

袁崇焕率军十一月初赶到蓟州（今天津蓟州区），十一、十二、十三日，三天中与后金军队在马升桥等军事要地发生激战，后金军队接连败退。

但是另一路援军却遭到了重大挫败。

赵率教马不停蹄地西去增援，到了三屯营时，总兵朱国彦竟紧闭城门，不让赵的部队进城。

明朝为了对付后金，把最精锐的部队都调到东北战场。东北的战场也为明军训练了一支虎狼之师。西北地区这些年除了天天侃大山，一直没有战事。

正所谓生于忧患，死于安乐，无战事也就没有真正的战士。西北地区军队腐化相当严重，平时欺上瞒下的手段一流，见到后金这样的军队就傻了眼。

来了敌人，只希望他们快点走，不在自己的管辖区惹事就好。现在后金的死对头赵率教要进城，进城就是要跟后金死磕，那不是要引来后金军队吗？

安全第一，对不起了，赵率教总兵，你自谋出路吧。

赵率教无奈，只得领兵向西迎击后金军队。在遵化城外与围城的后金军队展开决战。

赵率教只有4000人马，虽然都是精兵强将，但是一直没有休息，武器给养供应也严重不足，战斗力可想而知。而他的对手，至少是他兵力的10倍。在没有任何城池作掩护，也没有任何援军的情况下，与敌人展开野战，后果可想而知。

赵率教的对手是后金名将阿济格，赵率教虽然多次打退敌人，但终究寡不敌众，被阿济格部队包围，最终全军覆没，赵率教也力战而死。

赵率教战死后，后金军队乘胜攻占了遵化城，河北巡抚王元雅自杀。

攻占遵化城，后金继续进攻，目标指向三屯营。

朱国彦呆愣了，我不和你打，你怎么找我来了？

皇太极也纳闷呢，你连唇亡齿寒这么肤浅的道理都不懂，还问我为什么打你？

朱国彦虽然胆小，但关键时候还是靠得住，下令全城戒备，誓死保卫三屯营。

但他手下将领可不这么想，副总兵朱来同带头逃跑，总兵朱国彦成了光杆司令。

副将跑了，朱国彦担心上面追究，竟在家和妻子上吊自杀了，也算为国捐躯了。

临死时把逃跑将领的姓名、籍贯、职位，张榜公布，悬赏捉拿，贴得大街小巷到处都是。

兵荒马乱的，谁有精力给你捉逃兵。皇太极也对这种悬赏没兴趣，看都没看，继续挥师前进。

后金军队很快到达北京郊区顺义、通州地区，直指北京城。

明朝各路勤王的部队也陆陆续续赶来参战。

大同总兵满桂和宣府总兵侯世禄中途堵截，成功打退后金军队。但并非后金主力。

鉴于敌强我弱的形势，满桂、侯世禄两人只好率领部队退到北京，先安抚一下皇帝脆弱的心，参与北京保卫战。

袁崇焕得到赵率教阵亡、遵化被攻占的消息，火速赶到重镇蓟州，准备在蓟州拦截敌军。

可皇太极不这么想，军事重镇遵化我都攻下了，现在是条条大路通北京，没必要攻击重镇蓟州和你袁崇焕死磕，直接找你上级更好。

皇太极避开蓟州，继续向北京进发。袁崇焕没有办法，只好也离开蓟州。就在不远处尾随后金军队，也不打，就是跟着。

于是皇太极去哪儿，袁崇焕就跟到哪儿。4 万多人尾随 10 万多人，一共尾随了 5 天。

皇太极也不害怕，从蓟州出发，走三河、香河、顺义，一直走到通州，踏踏实实地在北京近郊游了一把，袁崇焕也给他当了回全程陪同人员。

其实袁崇焕也是有苦衷的。毕竟自己才 4 万人，对方至少 10 万，双方全是骑兵，这种情况下没有城池保护，直接和敌军打野战，无疑就是找死，只能寻找战机。

可崇祯不这样想，4 万多人尾随 10 万人，不打也不撤，天天在我眼皮底下转悠，袁崇焕你到底想干啥？

估计是北京近郊玩够了，皇太极想看看北京最具特色的建筑物，挥师进军，准备去紫禁城参观参观。

袁崇焕慌了，以为皇太极孤军深入，只是在北京周边逛逛，拿点东西。可现在敌军的动向，分明是要攻击北京。袁崇焕来不及向上请示，马上挥师进京，准备勤王。

但他犯了两个致命的错误：

外臣未经允许，私自带兵进京，理论上与带兵造反是一样的。只是非常时期行非常之事，袁崇焕也没工夫给崇祯解释，直接带兵冲到北京城下；

皇太极所带来的人，包括他自己，都是第一回来北京，要摸索着走到北京城下还真有点困难。正愁没人带路，恰巧碰上了袁崇焕的部队进行大规模转移。皇太极马上意识到，这小子是要回北京，跟着他，不会迷路。

4 万人尾随 10 万人 5 天，忽然变过来了，10 万人尾随 4 万人。

袁崇焕刚到北京广渠门外，皇太极也跟到了。当时北京城就流言蜚语，说皇太极是袁崇焕带来的，袁崇焕要帮助皇太极打北京。

袁崇焕要当叛徒了。

这下就算跳进黄河也洗不清了。

可现在袁崇焕就想跳河也没工夫。一到北京，崇祯立马召见了他。“这么多天，你天天跟在敌军屁股后面转悠，突然把敌军带到城下，你到底想干啥？”

估计袁崇焕也知道自己做过了。皇帝召见时，他没穿官服，一身布衣，准备装孙子。

崇祯现在对他很反感，更对他装孙子没兴趣，但现在是用人之际。敌人就在城外，办了袁崇焕容易，办完后自己就成孙子了。

虽然袁崇焕不听话，但为了自己，我先装一回吧。

袁崇焕已经做好了被骂的思想，但没想到皇帝只是说一些“将军远道而来辛苦了，外面局势如何”之类的话。

袁崇焕估计当时就蒙了，根本就没听懂崇祯说什么，竟然揭开自己的衣服，让崇祯看看自己的战伤。

崇祯看见伤口，立马将自己身上的貂皮大衣脱下，亲自给袁崇焕穿上。

崇祯很高兴：“谁说袁崇焕投敌了，全都是胡说，这些伤难道是假的？”

可接下来的话就叫崇祯不高兴了。

“我的士兵连日征战，希望进城休息。”

“原来如此。”明朝最后一个皇帝崇祯，咱们前面已经说过，不仅有他爷爷的性格，就喜欢存钱，还有一个特点——多疑，就跟三国时的曹操一样，有点风吹草动就猜半天，最喜欢的事就是捕风捉影。

像袁崇焕这种有啥说啥的人，根本就不会想很多，可皇帝会想很多。

“给我看伤口就是作秀，现在还不能排除袁崇焕投敌的可能，没跟我报告就冲到北京城下，现在又要进城。进城后怎么办，开城门，放后金军队进来？”

不能再装孙子了，崇祯严厉批评了袁崇焕的请求，下旨不许辽军一兵一卒进城，就是兵部尚书、蓟辽督师袁崇焕也不许进城。

袁崇焕很郁闷，我就是想进城休整一下我的部队，之前大同总兵满桂和宣府总兵侯世禄都被批准进城，我的职位比他们高多了，为啥不许我进城？

从门神到“乌龙”

皇太极是第一次来到北京，也是最后一次来北京。北京给皇太极第一印象是太大了，大到不知道该如何下手。

作为当时世界第一大城，北京有 3 道护城墙，墙基宽 24 米，墙高 8 米，城墙上总共 16 个门。城墙上每一块砖都质地坚硬，坚硬到敲之有金属声，声音清脆，因为这种砖造价太贵，所以也叫“金砖”。砖中间用石灰、糯米、鸡蛋清的混合材料灌胶，城墙的坚固可想而知，即使到了鸦片战争，外国的洋枪，洋炮，也伤不了它分毫。

皇太极也是第一回攻击这种城池，只好按照以前瓦剌的经验，走当年“土木堡”的路线，一部分部队去攻袁崇焕，牵制明军主力，自己去德胜门决战。

袁崇焕镇守的地点，就在广渠门。

崇祯二年（1629 年）十一月二十日，两军在广渠门外大战。

虽然后金攻击这里的不是主力，但也不白给，主要有三贝勒莽古尔泰，还有初出茅庐的多尔衮。

袁崇焕穿上盔甲，亲自上阵指挥战斗。从上午 8 时打到下午 4 时，恶斗 8 小时。袁崇焕自己被射成了刺猬，因为自己身上的甲厚，才没有被射死。而战马就没有那么幸运了，被射死了好几匹。正所谓“将有必死之心，兵无贪生之念”，辽东士兵个个被主将的精神所感动，以变成“刺猬”的觉悟向前冲。

见过不要命的，没见过这么不要命的。莽古尔泰不愿继续跟他们对战了，抱着抢到手的各种宝贝，下令全军撤退。

但眼前这帮“刺猬”显然杀红眼了，居然追了上来。莽古尔泰只得调转马头，重新集合部队，与明军死斗。

战争打成这样，什么战术、战略、兵法、阵容全都没用了。两支军队完全厮杀在一起，谁更能砍，谁就能赢。

这次砍得更激烈，后金阿济格战马被砍死，自己身受重伤。蒙古人素以骁勇善战闻名，后金蒙古驸马恩格德尔却被打跑了。明朝方面，主将袁崇焕被人围攻，幸亏部下拼死保护，替主将挡了几刀，才把袁崇焕救了出来。

打到晚上 6 时，莽古尔泰崩溃了，率军撤退。明军也无力再追。

广渠门大战，以明军胜利告终。

在广渠门开打的时候，德胜门已经打了很长时间。

镇守这里的是大同总兵满桂和宣府总兵侯世禄。

攻击这里的是皇太极、代善、济尔哈朗、岳托等，这是后金主力部队。

德胜门高 12 米，上面共有射孔 80 多个，即使全是弓箭，也能射死一片。现在上面没有弓箭手，全改大炮了。

满桂先派侯世禄出战，可侯世禄不经打，一会儿就被打了回来。没办法，满桂亲自上阵，并指挥城上开炮支援。在炮火的帮助下，满桂抵挡住了后金军的进攻。但城头上开炮的明军毕竟不是辽东军，关键时候掉链子。不知是谁瞄歪了，一炮过去，正中满桂。当时打得就剩半条命，还好给救了回来。

满桂虽然被抬下去了，但皇太极也对大炮发怵，立即就放弃了进攻。

德胜门战斗结束，明军胜利。

第一天战斗结束，德胜门的满桂、广渠门的袁崇焕都获得了胜利。只是一个受伤了，一个没受伤，但老百姓都说：那个受伤的是那个没受伤的打的。

袁崇焕打伤了满桂？

不管历史学家怎么去争，如果你相信袁崇焕打伤满桂，那就来趟北京，你就明白了。

去过北京的都知道，从广渠门到德胜门，来回最快也要一个钟头，还不算堵车。袁崇焕打了将近12个小时，根本就没有时间。但世人皆知，他和满桂不和，算他头上也不奇怪。

北京的流言就散播开了，你袁崇焕前脚来，后金军队后脚就跟来了，其中一定有猫腻。

满桂怎么偏偏在这个时候被自己人打伤，是有人指使的吧？袁崇焕不是和他有仇吗，会不会是他呢？

不管是谁散播的流言，只要一个人不信就没事。很可惜，天性多疑的他还是信了，他就是崇祯。

天性多疑的崇祯马上下令召开军事会议，讨论的结果就是一个：换防。挑明了对某些将领不放心。

皇太极也在开会。德胜门，是被明军大炮打回来的；广渠门，是被明军骑兵砍回来的。我们是游牧民族，居然叫不会骑马的明军打得到处跑！不骂几句不行。

骂归骂，骂完后，皇太极向他的高级将领们发出感叹：

15年来，从来没有遇到过像袁崇焕这样厉害的对手！

双方都拼尽全力，明日再战不可能了，先休息几天吧。

换防以后的袁崇焕镇守的是北京左安门。

这几天，袁崇焕一直给皇帝上奏折：

“后金长途奔袭，物资供应严重不足，人困马乏，只要‘坚壁清野’，不用打，也可以把后金军队拖垮。”

“我军人数不够，如果贸然与后金军队展开对攻，正好中了他们的下怀。应该等各地的援军勤王，特别是东北的步兵。”

当时重新上任的孙承宗——袁崇焕的老师，却写信告诫袁崇焕赶快发动对后金军队的进攻，不然有血光之灾。

袁崇焕还是坚持自己的想法，拒绝出战，还是决定拖垮后金军队。

说白了，还是“一根筋”，缺乏官场、职场的经验，老师在给他最后的告诫，竟然还固执己见。

这是一位老师最后在告诫自己的学生。

“你的意思是对的，想法是好的，但问题是皇上看见你的奏折会想，等援军，还是东北的援军，是给谁用？你用还是打皇太极用？”

袁崇焕一直都不知道，从跟着敌军满地跑，不请自来冲到北京城下，“给敌军当向导”，擅自要求进城，“打伤满桂”，不主动出战，到等待自己的东北援军，袁崇焕干的每一件事都叫皇帝怀疑。你叫崇祯怎么相信你？现在的袁崇焕，就等着压死骆驼的最后一根稻草。

最后一根稻草来了。

崇祯二年（1629 年）十一月二十七日，经过了几天休整，皇太极决定发动进攻，毕竟大老远跑到这里，必须拿点好处。

皇太极攻击的目标就是左安门。如果你还记得清楚的话，知道左安门的守将是谁，不错，就是袁崇焕。

对于这种“专挑硬柿子捏”的行为，我们管这叫作“硬碰硬”。打架可能专挑强者，但打仗理论上应该先挑弱者，对于这种强强对决则是观众想看见的，但有个人不想看见。

这个人就是崇祯。

“全北京有 16 个门，可以直接攻击的门有 13 个，为啥你袁崇焕去哪儿，皇太极就跟你去哪儿？”

18 岁的崇祯开始回想最近发生的一切，最后得了一个可怕的结论：皇太极和袁崇焕关系绝对不一般。

在城外厮杀的袁崇焕并不知道这一切，只知道先拿下这场战斗再说。

与广渠门一战一样，双方都没有什么战术，谁更能砍谁就能赢。

战斗持续了 5 个多小时，后金本来还想再抢一点东西，发现再抢的话估计连本都没了，全线溃败。皇太极也没拦他们，毕竟都是人，不能怪我军无能，只能怪敌军太强悍。

当天晚上，就发生了历史上很无聊的一件事，蒙了一代又一代。

后金士兵捉到了两名在城外负责养马的太监，一个叫杨春，一个叫王成德。

皇太极心生一计，派军官高鸿中、鲍承先、宁完我、巴克甚、达海等人看守这两名小太监。

俘虏了两名小太监，何必要派五名将领来看守？

到了晚上，鲍承先与宁完我二人依照皇太极所授的秘计，大声“耳语”，至少得叫太监听见。

“我刚从袁崇焕那儿回来，一切都按计划进行，下次攻城时，袁崇焕就打开城门，咱们的事就成了。”

这两名太监睡在旁边，将两人的话听得真真的。

十一月三十日，皇太极命看守的人假意疏忽，让杨春、王成德逃回北京。杨春将听到的话一五一十地报告了崇祯。

崇祯就决定杀了袁崇焕。

事实上，皇太极此举根本就是画蛇添足，因为崇祯早就准备干掉袁崇焕了。

因为无知而无畏

崇祯二年（1629年）十二月初一，崇祯找袁崇焕和祖大寿进城谈话。这次走的不是正门，也不是小门，而是用的老方法，从城墙上吊下个筐子，把袁崇焕提进城的。

这次见面，袁崇焕也已经感觉到皇帝要处罚自己，只是没有估计到会这么严重。

因为当时后金的军队还在城外，没了我北京怎么守，当然这只是他自己的想法。

一见面，只见崇祯满脸怒气，还没等袁崇焕缓过神来，就质问道：

你为什么杀了毛文龙？

你为什么伤了满桂？

你为什么不进攻后金军队？

袁崇焕是个人物，面对突如其来的诘问，他镇定自若。但显然是镇定过了头——竟然一句话也没答。他觉得没有必要费这个口舌，我是来保卫北京的，也只有我能保卫北京。

崇祯见袁崇焕没有回答，以为袁崇焕默认了。没什么可说的，喝令侍卫脱掉袁崇焕的官服，将他关了起来。

在场的人都瞠目结舌，毕竟敌军还在城外，他是总指挥，你把他办了，谁来指挥？

大臣马上求情，现在是非常时期，陛下千万别冲动，冲动是魔鬼。

但崇祯显然是被魔鬼控制了："明军从现在开始交由满桂指挥，辽东军由祖大寿指挥，就这么定了。"

想得挺好，就是忽略了一个细节。

祖大寿当时吓得走路都变了形，出北京城后等了三天，没等到袁崇焕获释，却等来了一道圣旨，说袁崇焕谋反，只会处罚他一个人，与其他官兵没有关系。

袁崇焕的军队多是他从家乡或者其他地方招募过来的，他们虽然拿着国家的饷银，但是只效忠他们的长官——袁崇焕。

被忽悠了三天，就等到这么一个结果，部下在城下大哭起来。

城中百姓听见袁崇焕被捕，个个欢欣雀跃，个别缺德的还往城下扔石头，砸伤了几个士兵。

祖大寿与何可纲惊怒交加，立即带部队返回锦州。

正在兼程南下赴援的袁崇焕部主力部队，在途中得知袁崇焕被捕，北京城中皇帝和百姓都说他们是"汉奸兵"，当然也就掉头而回。

北京慌了，百姓慌了，大臣慌了，当然皇上早就慌了。

崇祯见祖大寿带领精兵走了，不理北京的防务，一下急了，忙派内阁大学士六部九卿到狱中，要袁崇焕写信招祖大寿回来。

袁崇焕心中不服，不肯写，说道：

"皇上如有诏书，要我写信，我当然奉旨。"

"再说，我本来是督师，祖大寿听我命令，现今我是监狱里的犯人，就算写了信，祖大寿也不会重视。"

文官虽然打仗不行，嘴上功夫却是不容小觑，从国家大义一直讲到生死存亡，轮番给袁崇焕进行思想教育。

经过一番又一番的洗脑说教，再倔的脾气也被制服得熨帖。袁崇焕当即拍板，下笔写信。

拿到信后，崇祯马上叫人追。由于祖大寿跑得太快，崇祯派人追到的时候已经奔出山海关。

好不容易追上了，祖大寿以为是敌军，命令士兵放箭射击。

就几个传令兵，也至于吓成这样？

送信的人急忙解释：我们不是敌兵，是来送袁崇焕将军信的。

事实证明，能镇住这些猛将的人就只有袁崇焕，哪怕以后袁崇焕当了和尚，也能镇住他们。

祖大寿读了袁崇焕的信，下马大哭起来，其他将士也跟着哭了起来。

不是我想出走，只是当今圣上黑白不分，叫我们寒心，我们现在回去，保不齐就陪袁崇焕蹲监狱了。

这时祖大寿的母亲出现了，她劝儿子说：本来以为袁将军已经死了，咱们才跑出关来，谢天谢地，原来将军并没有死。你打几个胜仗，再去求皇上赦免将军，皇上就会答应。现今这样出去，只会加重将军的罪名。

祖大寿对母亲很孝顺，当即决定：回京城。

为何突然出现个祖大寿的母亲？难不成行军打仗带家属？

原来，祖大寿的母亲非常勇敢，每次儿子行军打仗都要跟随，只不过年龄大了点，80岁了。祖大寿的部队都是骑兵，老太太80岁了天天骑马急行军，身子骨是相当硬朗。

祖大寿回师入关的路上，和后金军队作战，收复了永平、遵化一带，也就是切断了后金军队的两条重要退路。

后金军这时刚刚攻克良乡，得到袁崇焕被捕的消息，皇太极不相信自己的耳朵，世上还有这种好事，马上杀回北京。在卢沟桥击破副总兵申甫的车营，逼近北京永定门。

申甫原本是个和尚，但是这个人很有想法和创新精神，发明了许多新式武器，包括独轮火车、兽车、木制西式枪炮等。

如果申和尚潜心修行，安心专搞武器研究，说不定也能混成个学者。但是申甫虽然是和尚，却喜欢推销自己，尤其喜欢把自己的形象无限放大。

崇祯出于对科技的重视和对人才的关心，给了申甫一个副官。领了国家军费的申甫，在北京城内组织一批流氓无赖，成立新式武器的战车部队。

北京保卫战刚刚打响时，申甫认为机会来了，便找了个机会请皇帝和大臣检阅新军。

文武百官在看完新军后，认为它不可用。但崇祯觉得还不错，还是留下了这个新军。

北京保卫战开始时，申甫极力推荐自己，希望能上阵杀敌。袁崇焕为首的将领们知道这支军队的战斗力，这要是上了战场，唯一的作用就是降低本方士气，叫敌人笑掉大牙。

但是和尚没有气馁，袁崇焕进监狱后，皇太极去而复回。申甫认为机会来了，主动请缨。崇祯也无将可用，封申和尚为副总兵，去卢沟桥御敌。

但是和尚新军没有给提拔它的领导争气，与后金军队刚一接触，就成鸟兽散了。木质的大炮没有伤着别人，全打在了自己人身上。和尚发明家也带着他的满腔热忱，为国捐了躯。

皇太极十分郁闷，这算什么？表演、打仗、夹道欢迎，还是侮辱我？

崇祯索性把京城的精锐力量都拿了出来，将满桂、孙祖寿、麻登云、黑云龙等都派上战场。

这次的战场是永定门。

皇太极不知道听了谁的馊主意，命令士兵换成明军的衣服，打着明军的旗号，在天将亮之时，发动突然攻击。

明军分不清敌我，顿时大乱；而清军也分不清敌我，顿时大乱。

好歹清军有家族史，一个家族参军的好几十号人，在短暂的混乱后以

家族为主体，开始进攻。

明军就没这么幸运了，大多数都是为了保卫北京临时找的，说难听点，就连长官长啥样都不知道。

没办法，已经这样了，混乱地打吧。

在一片混乱后，明朝方面满桂、孙祖寿战死，黑云龙、麻登云做了俘虏。北京上下陷入一片恐慌。

后金方面虽然没有名将受伤记录，但士兵伤亡惨重，主要是自己误伤的，本来回来就是补充点给养，现在倒好，这笔账找谁算？

当时后金所有的将领一致决定：攻取北京，吃掉明朝。

但毕竟还得一个人说了算。

在这方面，皇太极有他独特的认识。

就自己这点人，再加 10 万也攻不下北京。何况现在北京城外有 20 万明朝部队，只是害怕后金实力，不敢轻举妄动。真要攻城，这些部队还能袖手旁观？现在永平、遵化一带都被明军抢回去了，再不走连退路都没了。

虽然不甘心，只好先忽悠手下撤兵。

他说，打明朝，就应该像砍大树，要一斧子一斧子地来，不能幻想一下子把大树砍倒。

而且，祖大寿、何可纲已经拿下遵化等地，严重威胁后金的后方。再不走的话就回不去了。

皇太极给明朝留下两封议和的信，走之前承诺自己的部下，咱们只是暂时回去，用不了多久，这里就是我们的。

皇太极回头又看了一眼金碧辉煌的北京，带着他的承诺自信满满地走了。他做梦也不会想到，这是他第一次来北京，也是最后一次。

从人见人爱到人见人踩

后金这次骚扰北京，倒霉的不止袁崇焕一个人，其他高官被赶下马，甚至丢了小命的也不在少数。

先处理北京城内的。

都城被围，兵部难辞其咎，尚书王洽因此蹲了监狱。

王洽相貌堂堂、魁梧威猛，当时是很出名的。崇祯用他做兵部尚书，就是看中了他的相貌，说他像个“门神”。

当时北京人私下说，门神一年一换，这个“王门神”的兵部尚书一定干不长久。果然不到过年，门神就被除下来了。

围城时一切混乱，监狱中的囚犯乘机大举越狱，于是刑部和都察院的长官和副手也都住进了监狱。

崇祯又觉得北京的城墙有偷工减料的嫌疑，就把工部有关人员给关了起来。为了教育大家，挽回形象，当着众多同僚的面，崇祯让人将他们杖责八十。这几位由于年老体衰，当场而死。

廷杖惩罚官员，也是明朝的一个特色。一般由太监执行，还要当着所有官员的面，脱光了下半身，光着屁股挨打，精神上的打击相当大。

明末的官员喜欢饮酒写诗找乐子，天天以文人自居，哪里受过这种奇耻大辱。碰上年纪大了，身体不好的，精神受不了的，那就呜呼哀哉了。

再处理北京城外的。

各地来增援的部队，除了辽东军军法严明，作战勇猛外，其他部队就是摆摆样子。

由于拖欠饷银和瞎指挥，山西和陕西的两路援军自己就散伙了，回到家这帮人立马成为“流寇”的骨干力量，此后农民起义不再是小打小闹了，由于造反军队的加入，开始具备攻城略地的能力。

崇祯对他们没辙，只能自掏腰包遣散了他们。

对了，还有一个人必须处理，他就是袁崇焕。

当时政府官员中，对于怎么处置袁崇焕分成两派。一半以上同情袁崇焕，其余的则附和皇帝的意思，其中主张杀袁崇焕最坚决的是首辅温体仁和兵部尚书梁廷栋。

温体仁和毛文龙是老乡，一直想为毛文龙的死做点什么，曾在辽东与袁崇焕共事，两人均有过激的言论。

崇祯身边掌权的太监，大都在北京城郊有庄园店铺私产，后金攻到，焚烧劫掠，众太监损失很大，大家都说袁崇焕引敌兵进来。

毛文龙在皮岛当东江镇总兵时，每年要军费数十万，但军费一大部分根本不用运出北京，便在京城中分给了皇帝身边的用事太监。毛文龙一死，众太监这些收入大都断绝了。

此外还有御史高捷、袁弘勋等人，也主张杀袁崇焕，他们却另有私心。

当袁崇焕下狱之时，首辅是钱龙锡。众人皆知，钱袁关系很好，干掉袁崇焕，就可以把钱龙锡拖下水。

高捷等人在天启朝时是阉党，附和魏忠贤。魏忠贤一死，皇帝命钱龙锡办理魏忠贤一伙，把惩办阉党案子叫作“逆案”。钱龙锡当时就想把高捷、袁弘勋等人轰出朝廷，只不过他们罪名不重，还是有官可做，就没再追究。

高捷一伙想把袁崇焕的案子搞成一个“新逆案”，把钱龙锡牵连进来，报当年一箭之仇。

他们告诉皇上。袁崇焕曾与钱龙锡商量过杀毛文龙的事，钱龙锡并不反对，只劝他慎重处理。

看似不重要的事，却告诉皇帝一个危险信息，袁崇焕和钱龙锡是同党。

历朝历代，皇帝最忌讳的就是外臣结交近侍，一个在外领兵，一个在内提供信息，这就和造反没啥区别。

结果“新逆案”连审都没审，钱龙锡直接下狱，定了死罪，后来减为充军。

但皇帝还是不敢杀袁崇焕，毕竟辽东还有 10 多万人，只听袁崇焕一人的。把他杀了，辽东军队要是造了反，这个烂摊子谁来收拾。

个人恩怨、党派之争、利益集团这些伤害虽然很直接，但是最痛心的，莫过于亲信的出卖。

袁崇焕的亲信谢尚政在背后捅了一刀。

谢尚政，广东东莞人，袁崇焕第一次到山海关、第一次写总结就推举了他，说是自己平生所结的“死士”，可见是袁崇焕年轻时就结交的好朋友。

按照现在的话说，叫“发小”。

他在袁的提拔下升到参将。袁崇焕杀毛文龙时，就是这个谢尚政带兵把毛文龙的部下隔在外围。

梁廷栋总觉得要杀袁没有什么充分的理由，便授意谢尚政诬告，并且允诺如果帮忙扳倒袁崇焕，可以升他为福建总兵。

在权力、金钱面前，谢尚政选择抛弃友谊，直接上书说袁崇焕贿赂钱龙锡。

不过他的总兵梦还是没有做成，此后不久梁廷栋以贪污罪垮台，查到谢尚政是贿赂者之一，谢尚政也因此革职。

小人终究是小人，不得好死。

所有的材料全都推到崇祯面前，崇祯看后勃然大怒。

从逼自己拿银子劳军，不经请示斩杀毛文龙，打仗时跟在敌军屁股后面转悠，突然把敌军带到城下，还要擅自进城，打伤满桂，太监的耳语，现在还结交国家首辅。够了，这人如果再留的话大明就改姓“袁”了，此人必须杀。

古代有句话：君叫臣死，臣不得不死。既然崇祯要杀你袁崇焕，那么你就没得活了。

袁崇焕是后金的军队还没撤时入狱的，在狱中等了大半年，没等到赦免，却等到了大明最残酷的刑罚——凌迟。

凌迟，也叫千刀万剐，是古代最残酷的刑罚，至少要从你身上割1000刀，只有那些罪大恶极的犯人，才会用到这种刑。比较典型的是明朝作恶多端的太监刘瑾，据说第一天割完后，刘瑾还喝了一点粥，第二天继续，整整割了三天，共3357刀。

袁崇焕到死都不知道皇上为什么这么恨他。

一生事业总成空，
半世功名在梦中。
死后不愁无勇将，
忠魂依旧守辽东。

天下冤之。

可当时的京城百姓不这样想，他们热热闹闹地去看杀人，仿佛在逛庙会一样。袁崇焕每挨一刀，就有一群人叫好。每割下一块肉，就有一群人去抢，抢到后直接下咽，仿佛这样才能发泄自己心中的愤怒。

这种情景，根本就没有什么公理、正义。

后人议论杀了袁崇焕只是自毁长城，大明还有很多机会避免灭亡。

但我要说的是，不管你们怎么反驳，从杀袁崇焕的这一刻起，大明必将灭亡。没有人世间最基本公理、正义的国家，是不可能存在的。

袁崇焕，你就是大明王朝灭亡的倒计时牌。

袁崇焕死后，尸骨丢在地上，没有人敢去收葬。所谓墙倒众人推就是这个道理。他有一个姓余的仆人，顺德马江人，半夜里去偷了尸骨，收葬在广渠门内的广东义园。

那姓余的仆人终身守墓，死后就葬在袁崇焕坟墓的旁边。死前留下祖训，子子孙孙世世代代都要在袁崇焕墓旁看守，哪里也不许去，你们也不许绝种。直到 1916 年，看守袁墓的还是他的子孙。余姓子孙一直在遵守祖宗的遗训，整整守了 372 年。

乾隆四十九年（1784 年），乾隆帝下诏为袁崇焕平反。

到了清朝末年，康有为、梁启超又开始把他请出来，开始对国民做思想教育：

“若夫以一身之言动、进退、生死，关系国家之安危、民族之隆替者，于古未始有之。有之，则袁督师其人也。”

这是后世对袁崇焕的评价，实至名归。

历史告诉我们无数次，公理和正义也许会迟到，但绝对不会缺席。

崇祯这方面遗传了他爷爷万历的狠劲，曾经的大功臣——张居正、袁崇焕，一个死后被鞭尸，一个被一刀刀地折磨死。

万历皇帝做了几十年的宅男，阴郁的程度应该不轻；万历的儿子还没有工作，便死于女色；大孙子天启皇帝不爱江山爱木工；崇祯则是个工作狂。

有时候真怀疑这个家族是个“神经质家族”，他们一直在与出身富贵的命运抗争，一直在与手下成千上万的官员博弈。

万历皇帝宁愿躲在屋内几十年不出去，也不想见整天说三道四的官员们；天启皇帝情愿相信太监、依恋奶妈，也不愿相信他的属下；而崇祯即使丢掉江山，也要杀掉身边所有他认为该死的人。

他们就希望自己所恨的人尸骨无存，其实最后得不到安息的，倒是他们自己。一个皇帝的光环，让他们奋争了一辈子。死后呢，还要承受盗墓者的不断打扰。

万历皇帝可能是个理财专家，天启皇帝应该是个好木匠，崇祯可以是个著名的民营企业家。

但是在那个时代他们都没有办法选择自己的职业，其实他们没法选择的不仅是职业，还有他们的命运。

他们都曾抗争过，可是面对造就他们命运的时势，他们又能怎样呢？

不要再疯狂地琢磨他们了，他们就是个传说。

第六章　转战辽西

防御之争

皇太极刚从北京撤军，孙承宗便重新组织力量，只用十几天时间，就收复了后金兵占领的永平、遵化、滦州、迁安四座城市。

后金军队只是来抢东西的，根本没有要长期占领的意思。皇太极的大部队已经撤回东北老家，现在留下小分队，也只是掩护大部队撤退。

只要大部队回到了东北老家，他们的任务也就完成了。他们之所以不走，可能是在打包抢来的东西，或者没有接到总部的命令。

对于北京周围的钉子，明朝拔掉速度之快，也表明只要他们认真做一件事，效率还是可以的。但这件事必须是从崇祯到大小官员，都认为值得做的事情，不然就很难办了。

不是这样也不会将恢复修建辽西地区防御工程，这么重要紧急的事情，从一月份一直拖到七月份才动工。

崇祯四年（1631 年）一月，孙承宗越过山海关，到东北地区视察防卫建设，准备重新整备关外的防务。

这时东北地区的巡抚为丘禾嘉，他认为应该先修复广宁、义州、右屯。

丘禾嘉，贵州新添卫（今贵定）人，热衷军事，作战十分勇敢。在喜峰口阻击后金军队之战中，中了两箭，仍坚持战斗，事后被崇祯授予“倚为长城”的荣誉称号。

丘禾嘉后在大、小凌河战役中，劳累过度。加上与东北将领关系处理得不好，病倒在岗位上。请求回家养老，结果刚到北京就死了。

孙承宗则认为，广宁离海 90 公里，距辽西 80 公里，陆上运输比较困难。义州地方偏居一隅，离广宁比较远，一定得先占右屯，招兵买马，才能渐渐向广宁发展。

但是右屯城已经被摧毁，只有重建后才能防守。修建此城，后金军队一定会来攻打，所以必须先恢复大、小凌河的城防，这样就可以连接松山、杏山、锦州等城市。

当时明军在东北也只剩下一些大的据点，而且完全暴露在后金的骑兵打击范围内。明军的后勤物资如果想通过陆路抵达这几个据点，安全系数太低了。

孙承宗的战略部署完全符合当时东北的实际情况，但是在明代，一个法律制度的实施，每一个战役的打响都必须经过一个严格的程序。

首先要打报告给皇帝，皇帝就会拿出来给主要官员讨论，这是小会。他们商量一下还要开扩大性的会议，京城各个部门的主要负责人，有时候地方的一些主要负责人也要参加。

这个讨论就比较没有谱了，大家往往吵得不可开交，有时候还会恶语相向，但是一般不可以发生肢体冲突。毕竟大家都是读书人，不能有辱斯文。

往往是从早上天还没有亮的时候，大家就开始开会，开几个小时后，会有一顿早餐，吃完接着开。如果一直拿不出方案的话，可能要加班到晚上了。

如果在会议上讨论，连续几天都没有结果，那大家回去可以写报告，然后递交给皇上。

如果官员们分成两派的话，皇帝就很为难了，这就需要高超的和稀泥技术。

对于官员甲欺负了官员乙这样的事情，处理起来还是比较熟练的。但是如果碰上军事策略这样的事情，就没有办法和稀泥了。

必须拿出一个切实可行的方案来，如果再扯皮就只有等着失败了。崇祯对于孙承宗还是比较信任的，所以他的方案一概执行。

问题在于祖大寿、何可纲等是孙承宗的嫡系部队，他们是袁崇焕的部下，袁崇焕又是孙承宗的学生，这样祖大寿的部队也就是孙承宗的部队了。

你孙承宗要先修建祖大寿他们驻守的城市，我丘禾嘉还想先修建跟我关系不错的军队驻守的城市呢。

你是兵部尚书，皇帝又信任你，但是现在东北这个地方归我管。所谓“县官不如现管”就是这个道理。你想修大、小凌河可以啊，皇帝同意了，谁也不能不按照他老人家的意思办，不然挨板子、杀头都是有可能的。

但是我可以怠工啊，你们修城的费用、装备都得从我这里来啊。你们修你们的大、小凌河城，我修我的右屯城。皇帝的命令没有说不让修其他的城市啊，大家两不耽误。

孙承宗没辙，崇祯也是没办法，他的爷爷万历跟官员们斗了那么久，最后只有选择沉默。

同时修建两个工程的后果，就是分散了人力、财力，最后两个工程都成了“烂尾楼”。

京城官员们从一月扯皮到七月，最终达成一致意见，决定先修建大、小凌河城防，分别任命祖大寿、何可纲为正副守城将领，负责城防的重修。

当“烂尾楼”遇到炮兵队

崇祯四年，皇太极在沈阳得知明军在大凌河修建城防的消息，立马调集军队，亲自率领前往攻城，不给明军任何修筑和加固防线的机会。

皇太极也知道大、小凌河驻守了明军当时最精锐的部队。原来老对手袁崇焕的得力干将祖大寿、何可纲均在此地。

因此皇太极不但动用了后金的军队，而且请来了蒙古部的兵，同时带上了从明军那里缴获的大炮和枪支等先进武器。

出发前，皇太极宣布了作战纪律和注意事项：

要优待俘虏，不准抢他们的妻子儿女，还有他们的衣服。

将领们要以身作则，严格执行有关纪律。

八月一日，后金军队驻扎旧辽河城，蒙古各部率兵来会合。皇太极举行盛大的宴会犒劳远道而来的蒙古部和广大后金官兵。

所谓盛大，也就是满山遍野都是整只的肥羊、整头的牛啊，不管怎么样，这次烧烤一定要把它们吃完。吃完了好干活，好去明军那里。

吃完后，皇太极再次兵分两路：一路由阿济格、岳托率领，将兵两万人，经由义州，驻扎在锦州与大凌河之间；一路由皇太极亲自率领，经由白土厂，直奔广宁大道。

两军约定六日会师于大凌河城。

六日夜，后金两路军队会合，开始围城。

大凌河城由于官员的扯皮，到七月中旬左右才动工修复，此时才修建半个月时间。而丘禾嘉对于自己的意见不受尊重，很不高兴，在修建大、小凌河城的同时，分出人力、财力修复右屯城。

结果后金兵临城下时，大凌河的城墙才修建一半，也只有关门迎战。

而此时大凌河城兵民加起来也才 3 万多人。城中原有官兵 1.6 万人，为了保护重点城市宁远，分走了 2000 多人出去买战马，这样城内官兵只剩下 1.3 万人。

后金仅一路军队就两万人，可见明守军兵力明显处于劣势。对于明朝的援军，接下来我们再讲。

连续吃了两次亏，皇太极不得不承认攻坚战不是后金的特长。因此改变战略，采取“围而不攻”的方法。

在城外挖战壕，切断明军的粮道和水道，围困他们，进而伏击明朝的援军，不计较时间的长短，最终饿晕大凌河城里的守军。

皇太极命令八旗分别驻扎在大凌河城的八个方向，担任主攻；每旗旗主带领一部分人在各旗的后面作为策应，蒙古各部军队作为机动。

值得一提的是，这时的后金军队已经配备了一定数量的大炮，这就大大提高了后金的战斗力，初步改变了过去老挨打的局面。

这时候后金已经可以自主研发大炮，加上从明军手中夺来的，还有投降者带来的，大炮的数量已经蔚然可观。

皇太极在各旗成立了一个炮兵营，配备有红衣大炮和大将军炮四十门。

这次围大凌河城，皇太极第一次携带大炮，由自己的女婿佟养性率领炮兵，可见皇太极对这一新兵种的重视。

后金将大炮安放在通往锦州的大路上，准备迎击明朝的援军。毕竟这次攻城不是重点，围城和打援才是关键。

八月围城

祖大寿本来以为，后金会在天明的时候发动进攻。但是等了好几天，后金连个箭头也没往城上射。

怪了，皇太极要搞什么鬼？与他交手了不是一两年了，他不像是畏惧困难的人。再说咱这城墙修得也不怎么样，充其量也就是吓唬吓唬土匪，后金现在可是正规武装了。

这一天早上，助手慌慌张张地来报，说是后金在城市的四周挖了四道沟堑。祖大寿立刻明白了，后金军队这是要困死我们啊。

祖大寿带着助手走上了城墙，放眼望去，城市的外围忽然拔地起了一圈外墙，将大凌河围成了城中城。

看来，后金军队又来了不少汉人工匠，一夜之间，竟弄出这么个工程！

祖大寿又想起当年在宁远的艰苦岁月，当时也是被包了饺子，但是袁将军（袁崇焕）鼓励大家为国捐躯，战士们都抱定必死的决心。

谁知道竟然柳暗花明又一村，几个小人物把皇太极的父亲努尔哈赤给拉下马了。

袁将军也捐躯了，不过是被自己领导给杀的。现在再让手下的兄弟为国捐躯，大家还会有当年的激情吗？

以前跟皇太极一交手，后金将士就会发疯一样冲向你，现在他们竟然屯兵围你。看来皇太极已经成熟起来了，崇祯皇帝什么时候也能这样啊。

祖大寿经历的生死决战不知道有多少次了，但是这次他觉得有点心慌了，祖大寿明白越是强大的事物，越是有可能从内部瓦解的道理。

后金就这样一直围着，他们这是在瓦解明军的斗志。如果是激烈的攻防战，可能大家都已经杀红了眼，根本没有时间去想出路的问题。

现在后金军队，在外面好吃好喝，烤牛蒸羊的，明军士兵却在为自己的饷银发愁。锦州的援军会来吗？他们即使来了，能到城下吗？

大家都不会为那些时发时不发的工资卖命的，换了是锦州被围，大凌河的守军也可能只是做做样子。

这个时候祖大寿已经想好怎么打了。靠天、靠地、靠朝廷、靠兄弟部队都不好使，只能靠自己。

祖大寿在东北待了不是一两年了，对于后金的战术还是比较了解的，现在后金搞这个，肯定是明朝投降过去的人想出来的。

祖大寿决定用后金以前打游击的战术，对付后金的新战术。

每到天黑，祖大寿就会派出数十人或者几百人组成的小分队，或者去抢收庄稼，或者是骚扰后金。

由于后金壕沟相连，垛口与垛口之间互相照应。明军的小分队每次都是无功而返。

更为麻烦的是，明军的军装一直没有更新过，这样投降后金的士兵穿的衣服跟守军衣服差不多。

后金军队经常冒充明军，在北京就靠伪装把满桂打了个措手不及。

明朝政府也知道这个事情的严重性，想要更新军装，但是连士兵的饷银都发不起了，士兵的军装更新也只能说说罢了。

祖大寿也知道后金最喜欢来这手，但是看到跟自己服装一样的军队到来，自己还是条件反射性地迎了上去。结果被后金军队打了个大败而归，差点送掉性命。

跪求援军

大凌河战役打响后，明朝也很重视。孙承宗更是为这事操碎了心，根不得自己上战场。后来孙承宗被免官后，果真亲自上了战场，宁死不屈，民族脊梁的称呼当之无愧。

但是现在打仗还得靠东北的将士们，还得靠丘禾嘉、祖大寿他们。大凌河被围，祖大寿被围，丘禾嘉能否真心实意相救，就不好说了。

现在东北就剩下这么几个城市还在明军的控制下，只要后金一来攻，大家都处于危险境地。谁也说不准，后金打大凌河是否只是幌子，打击援军或者进攻锦州才是真实目的。要知道北京他们都差点偷袭成功。

但是对于兵部的命令，大家也不得不听。八月二十六日，巡抚丘禾嘉和总兵吴襄、宋伟总共凑齐了 6000 士兵，赶去增援大凌河。

吴襄有个很出名的儿子叫吴三桂。大凌河战役后，他因失职被关进监狱，后来李自成攻进北京时，成了俘虏。

李自成招降吴三桂不成，就杀了吴襄，还有吴家 30 多口。关于他的详细情况，后面还要介绍。

地区主要长官全都参加增援，可见大明对大凌河的重视。可是，事实证明他们重视的只是朝廷和孙承宗。这么一大帮子人，刚到大凌河的周围就被后金军队给打跑了（也可能是自己跑的）。

随后的 20 天内，祖大寿只能天天在城头仰望，然后失望了。回去除了给孙承宗写求救信，还要安抚没拿到饷银的士兵，同时还不得不低声下气地向丘禾嘉求救。

到了九月十六日，丘禾嘉在朝廷的威逼利诱下，终于不得不发兵增援。

其实，丘禾嘉的担心也不是没有道理，后金这次就是想围城打援，同时突袭其他城市。在丘禾嘉派出援军的同时，皇太极也带领一支部队准备偷袭锦州。

结果皇太极的先锋部队与锦州增援部队突然相遇，明军大败，纷纷逃回城里。皇太极命令后金军队一直追到锦州城下。

吴襄、宋伟几次出击，都被打了回去。

二十四日，朝廷派来了监军张春，这是明朝皇帝的习惯。这也难怪，人都会信任从小就跟自己一起生活、玩耍的人。

朝廷派来了钦差，这个时候如果再不增援，估计又要有人挨板子、被杀头了。现在官员们都很清楚崇祯的脾气了。

张春带着崇祯的圣谕，同吴襄、宋伟等将领，带领士兵四万多人前去解大凌河之围。

二十七日，明军在离大凌河城几公里的长山与后金军队交战。

战争一开始两军就展开炮战，这可是两军交战以来第一次炮战。明军士兵看到炸开的炮弹竟是自己生产的，不由得骂娘了。

明军本来野战就不是后金军队的对手，现在失去了炮火的优势，更没得打了，更为要命的是吴襄这帮人本来就不想增援。

结果后金的骑兵一冲，吴襄就带领自己的卫队跑了。他这一跑，立刻引起一系列的连锁反应，明军纷纷溃逃。

明军在回锦州的路上又遇到了后金精锐部队的伏击，结果除了吴襄、宋伟这两位跑得快，其他官兵多数被杀或俘虏。

这次大败后，大凌河守军也知道援军不会来了。他们是明军最精锐的部队，他们要对得起这个称号。

十月破城

可是后金已经围困大凌河快两个月了，突围救援都没有什么收获，该收割的麦子一点也没有收成，都留给后金军队了。谁让守军当年忙着修城墙，忘记粮食是个大问题了。

现在城里的粮食眼看要吃光了，士兵们只有杀掉战马充饥，这无异于慢性自杀。老百姓们早就没有吃的了，很多人被饥饿夺去了生命，甚至出现人吃人的现象。

再坚持下去，不用后金攻打，明军士兵自己也会打起来，为了生存而争抢食物。

等大家都死了或者被后金俘虏了，那就可以得到一个忠烈的称号，家庭也会受到朝廷的嘉奖。

能得到朝廷照顾只是军官们的待遇，广大的普通士兵，通常只会得到一笔卖命的钱。他们家庭以前依靠他们的饷银生活，现在是一次性廉价买断，对于他们的家庭无疑是灭顶之灾。

祖大寿一直在彷徨，每当他站在城墙上听到后金的招降喊话，心里总有着一种冲动。而朝廷送来的嘉奖鼓励的信，他总是随手扔在地上。

袁崇焕将军一直为崇祯他们家卖命，最后竟被杀了。他可是袁将军一手提拔的，手下这帮人也都跟袁崇焕有着千丝万缕的联系。

祖大寿一直很想找几个士兵听听他们的想法，但是他知道这是不可以的。任何不小心，都会给自己和这支部队带来灭顶之灾。

祖大寿在迷茫中艰难地度过了一周，这一周是那么漫长，又是那么短暂。漫长，是因为在等待一个或好或坏的结果；短暂，是有太多年轻而又鲜活的生命在一个接一个地消逝。

早上祖大寿按照惯例巡查了一遍城防，回到营房中，发现多了一张陌生的面孔。这个时候副官告诉他，这是后金派来的谈判代表。

祖大寿自嘲地低语：

“谈判？是招降的代表吧！”

后金的使者耳朵挺灵，竟然听到了祖大寿的低语，忙解释道：

“将军误会了，只是将军的几位朋友很挂念将军，所以派属下来送封信给您。”

祖大寿接过后金代表递上来的信，拆开一看，原来是20多个昔日战友联名写的劝降信。

看完信，祖大寿转身对后金使者说：

“你回去吧，我宁愿战死，也不投降！”

祖大寿和一些职位比较高的将领，他们的家眷都在锦州。这是他们不愿意投降的原因之一，另一个原因是军官的财产和投资也都在大后方。

这样投降就有一定的难度，后金整天穷得抢别人的东西，投降后财产损失怎么弥补？还有一大帮家属和亲戚怎么办？弃之不顾，那投降还有什么意思，就是为了活命吗？

祖大寿他们还有一个顾忌，后金以前对待投降之人，经常是连打带抢。顶着骂名去做别人的奴隶，谁愿意干？

皇太极也是个聪明人，了解明军将领的这些顾虑，因为有很多投降将领的想法作为参考。看到大凌河不断有人逃出来，后金将领纷纷请战。

皇太极告诫他们，谁都不可以擅自行动。他在等待一个时机，等待一个人的回答。

到了十月中旬，大凌河城内已经弹尽粮绝，士兵和老百姓已经开始相互吃对方的尸体。

此时后金加大和谈的力度，并向明军将领开出优厚条件，同时对于他们投降后的人身、财产安全做出保证。

十月二十五日，祖大寿与其他军官开会商议后，决定向后金投降。何可纲不同意，态度十分强硬。不过管不了那么多了，祖大寿派儿子祖可法前往后金阵营谈判。

何可纲，东北人，从天启时期一直跟着袁崇焕，虽然出身军伍，但是很少有不良习惯，是军中极具人格魅力的人。

就在这一天晚上，祖大寿与何可纲谈了一夜，两人时而高声唱歌，时而小声低语，一直谈到天亮。

祖可法得到后金方面盛情款待，很快双方谈妥了投降事宜。

二十八日，祖大寿下令逮捕不同意投降的何可纲，然后将他杀掉。随后祖大寿来到皇太极的帐篷里，皇太极亲自给祖大寿倒酒，并把自己穿的名贵衣服赠给祖大寿。

祖大寿感动得快说不出话来，心想我的领导怎么就不会这样对待我啊。但是此次投降只是缓兵之计，他忘不了与何可纲兄弟的“密谋”。

只是犹豫了一下，祖大寿决定了，他向皇太极请求到锦州接回老婆、孩子，同时暗中帮助后金攻打锦州。

皇太极不知是计，立马同意，同时派炮兵伪装追赶祖大寿的样子。

十一月一日，祖大寿带着 26 个人，徒步向锦州进发，半路上遇到锦州的丘禾嘉派出的援军。祖大寿说自己突围过来的，丘禾嘉信以为真。

祖大寿回到锦州，没有按照约定反水，而他留在后金的孩子也没有性命之忧。毕竟老爹这么出名，值得皇太极去等待。在这次假反水之后，过了 10 年，在锦州战役中，祖大寿正式反水了。

后金花了三个月的时间，终于拿下了大凌河城，同时也消灭了明军在东北的精锐力量，但是后金这个时候西边还有蒙古的威胁，所以他们没有乘胜进攻锦州。

生存和面子问题哪个重要

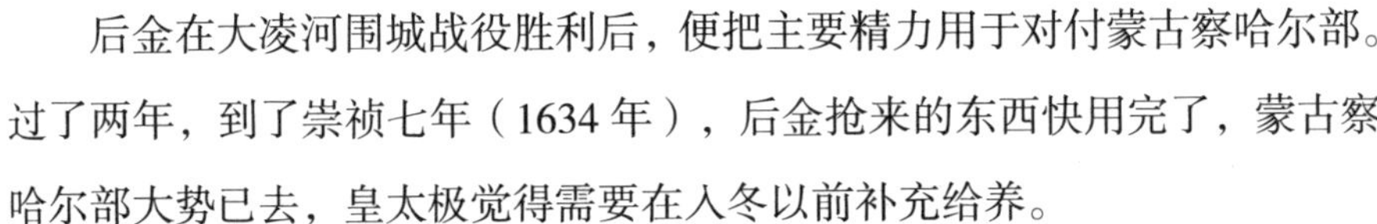

后金在大凌河围城战役胜利后，便把主要精力用于对付蒙古察哈尔部。过了两年，到了崇祯七年（1634 年），后金抢来的东西快用完了，蒙古察哈尔部大势已去，皇太极觉得需要在入冬以前补充给养。

可能是上次偷袭北京成功，皇太极欺负西北明军上了瘾。因此他决定再次偷袭明朝的宣府、大同两地沿长城一线的地区，即今天山西北部、河北西北部地区。人们称之为“入口之战”。

皇太极上次绕道蒙古的偷袭成功已经过去 5 年了，此时明朝与西北方向的蒙古察哈尔部有了共同的敌人——后金。

明朝与蒙古各部已经很久不打仗了，当然为此明朝损失了不少收入。但是稳定压倒一切啊，再说现在不光后金闹腾了，陕北的农民起义也越来越厉害。

与蒙古各部常年“和平”，使得西北地区军队涣散、防备松弛。很多因领不到工资自行转业的士兵，成为危害地方安全的最主要因素，他们与农民起义军结合后，很快使西北的局势变得不可收拾。

崇祯四年（1631 年）的时候，鉴于农民起义愈演愈烈，明朝便把曹文诏和 1000 关宁骑兵从东北调来，镇压农民军。

正当明朝军队与农民军打得不可开交时，皇太极带着骑兵也来凑热闹了，两支虽然不是同一性质的军队，事先也应该没有商量，事发后估计也没有什么接触，但是两支队伍打仗的目的，却是惊人相似。抢东西，避开大的城市，选择好抢的小城市，最好这个城市比较富裕，在百强县之列那就更好了。

没办法，当时北方连年大旱，后金自然也不能避免。皇太极估计也不清楚当时陕西闹腾成啥样子。他只是明白要想抢明朝的东西，山海关太不好过，西北上次试验过，还不错。

为了实现这次的目标，皇太极这次所带的多是骑兵，并没有携带大炮，只是带了些斧头、铁锹这些工具。同时皇太极只带了各路军队的首长，抢东西为主，攻城为次。

七月八日，后金各路大军入关后严格执行了这个行动原则。阿济格入关后，便进攻龙门，没有攻下，转而攻保安州（河北涿鹿）。代善父子也是能打则打，不能打就转移。

早在六月上旬，后金军队开到草原的时候，明朝方面已经获悉后金的企图。明朝接连下发了十几份文件，告诫西北守军守好自己的防区。

六月中旬更是下达紧急文件：如果城防失守，就处死守城军官。

过去一般认为明军守城将领都很懦弱，不敢同后金交战，任由他们肆意抢劫老百姓的东西。

不可否认，西北明军长期没有仗打，战斗力已经远不如明朝建立时强大。但是我们从后来他们与农民起义军的战斗，可以看出来，西北的明军也不全是饭桶。

那么为什么见了后金军队就关起城门，只在城墙上开炮，目的就是想赶走后金军队。因为皇帝说了，谁丢了城市就要谁的脑袋。

是勇敢要紧，还是脑袋要紧？

估计西北的官兵也已经看出后金的出兵目的，他们就没有好好地攻打过一个城市，攻不下就转移。

后金骑兵野战的能力，明军比得了吗？

这也怪不得西北明军的官兵们，士兵动不动就不发工资，还能有战斗力？精忠报国这样的鼓动只能说给军官们听，打胜打败对他们影响比较大些。

士兵的工资都不发，别说养马了。

马在古代的战争中占据着举足轻重的地位，明军要想打仗还得养马。明军的坐骑饲养中心在河北、山西一带，同时明军还会从蒙古部买一些。以前也会到后金买一些，现在要想买后金、蒙古部的马，只有靠走私了。

优良马匹供应渠道的缩小，使得明军骑兵的战斗力大为减弱。

更为要命的是，西北明军内部克扣挪用军费的现象屡禁不止，这样西北骑兵还有什么战斗力。

再加上后金这次就是抢劫，他们往往见到哪里有东西就去哪里，完全没有战略意图，也就显得没有任何章法。这很像农民起义军的流动作战，这样就很难应付了。

既然大家都要先保住脑袋，才能保护老百姓的口袋，那么后金军队基本上就不会遇到什么抵抗，明军也不会有多大的伤亡。

当然这只是后金和西北明军希望的情况，作为上天的儿子，崇祯绝对不愿意，也不能这么做。

崇祯急令宁远的吴襄、山海关的尤世威率领两万军队增援西北战场。

尤世功、尤世威、尤世禄为亲兄弟，陕西榆林人。老大尤世功读过不少书，官至总兵，清军攻破沈阳时战死。老二尤世威，官至左都督，李自成攻破西安时被杀。老三尤世禄，官至宁夏总兵，李自成攻榆林时战死。

本来大同总兵曹文诏和总督张宗衡已经答应皇太极和谈，这两位西北的大员为了活命，也只得怂恿代王的母亲杨氏接受和谈。

这种事情就是给后金尽可能多的物质补偿，而这些物资则要从代王那里出，所以要经过他母亲的同意。

后金得到想要的东西，也就会离开了，这样大同也保住了。事后大家都不说，即使皇帝知道了，找个人抵罪也就天下太平了。

活命要紧。明朝的官员们真的怕了万历的孙子了，他比他爷爷厉害多了。

不过，大同守军见有东北援军赶来，立马变卦，撤销与后金的和谈。

东北骑兵的战斗力还是相当可以的，皇太极这点再清楚不过了，但是不能他们一来，自己就跑了，这样后金也太没面子了，于是两军摩擦几下，后金军队便转移了。

此时后金抢的东西也快装不下了，再加上快冬天了，皇太极便下令返回东北老家。

第七章　先内后外

玉玺！传国玉玺

在古代中国的北方，一直活跃一些体格彪悍、善于骑射的民族。从汉唐时的突厥，到宋元时的契丹、蒙古，再到明代的鞑靼和瓦剌及以后的蒙古各部。

他们一直是中原朝廷心中的痛，每当遇到草原干旱，他们就大批地来内地抢掠。中原朝廷花掉巨额军费来对付他们，但是都没有取得实质性的进展。

即使在他们四分五裂、恰好中原的军力最强盛时，也最多让他们低个头、认个错。而且这种小小的胜利还是以国家的经济损失为代价的。

无论秦皇汉武、唐宗宋祖怎么努力，他们都没有办法真正地控制那片领土。

元朝灭亡后，蒙古人回到草原上，后分为漠南、漠北、漠西三大部分，但他们一直是明朝最大的威胁。

林丹汗是漠南蒙古部的首领，作为成吉思汗的嫡系子孙，林丹汗一直把草原的统一作为自己的责任。

经过一段时间的经营，林丹汗逐渐具备统一蒙古各部的实力。

由于明军不停地袭击，再加上后金的崛起，林丹汗距离理想越来越遥远了。

努尔哈赤创建后金以后，全部精力都放在了经营辽东地区，因此没有与林丹汗发生正面冲突。

皇太极上台后，后金的实力已经有了很大的提高。为了巩固自己的大后方，皇太极用10年的时间，三次对漠南察哈尔部用兵，终于逼死林丹汗，统一了漠南蒙古。

闪电战

皇太极上台时，林丹汗正在与自己的蒙古同胞为了一条河、几匹马、几头牛羊，进行生死搏斗。

结果是林丹汗损失了好几万的军队，他的同胞也好不到哪里去。

既然大家已经撕破脸皮，同胞的情分自然是没得讲了。

作为草原的老大，林丹汗必须维护自己的尊严，还有他统一蒙古各部的伟大理想。

而其他打了林丹汗闷棍的部落害怕老大的报复，最好的办法就是找个靠山，他们不约而同想到了东面的邻居——后金的皇太极。

此时皇太极一直关注着草原的战火，看到有人要请自己出来维持和平，作为一个地区大国，皇太极义不容辞地担当了这个责任。

与蒙古各部反对林丹汗的势力确立军事伙伴关系后，皇太极开始发动对察哈尔的攻势。

崇祯元年（1628年）二月，皇太极率领精锐部队，在敖木伦闪击了察哈尔的军队，俘虏察哈尔军队1万多人。

这次战役后，皇太极举行了盛大的庆祝宴会。

这次闪电战，取得了初步的胜利。当时已经进入十月中旬，天气渐渐变冷，皇太极的士兵没有准备过冬的棉衣，就只好撤兵，回沈阳了。

长途奔袭战

皇太极的第一次对察哈尔作战，虽然把他们赶到了草原的深处、戈壁滩上，但是林丹汗的据点和军队主力并没有受到重创，还保存相当的实力。

为了彻底打垮林丹汗，皇太极决定长途奔袭，深入戈壁滩，寻找并歼灭林丹汗的主力部队。

崇祯五年（1632年）三月，皇太极带着归顺的蒙古部军队和后金精锐，

远征察哈尔林丹汗。

四月一日，大军渡过辽河。

四月二十二日，大军越过了兴安岭。

此时清军已经行进了600公里，可是连察哈尔部的影子都没有见到。

这主要归功于间谍的作用，林丹汗事先已经知道了皇太极的军事行动。

软骨头，哪个民族都有几个。林丹汗的一个手下，跑到清军营中，将林丹汗的行踪报告给了皇太极。

但是林丹汗的藏身地点，离清军很远，需要走一个月才能到。

皇太极为了抓到林丹汗决定赌一把，带着军队向沙漠深处走去。

缺水缺粮，部队只能靠打猎进行补充，加上天气炎热，部队减员严重。

但是清军还是发扬以往采集为生的优良作风，穿过了沙漠，离林丹汗的老窝越来越近了。

清军这时分成三路，一天急速行军数百里，迅速夺取归化，接着追着林丹汗的军队跑了40多天。清军前锋已经到达黄河木纳汉山，就要到林丹汗的老家了。

林丹汗急忙强渡黄河向西逃跑，因为出水痘，这位蒙古壮士长眠于青海的大草滩上。

林丹汗死后，他的军队四下逃散，或是接受皇太极的招安，或是在青海四处流浪。

这次远程奔袭消灭了清朝后方的最后一个敌人，清朝的后方没有什么事儿了。

斩草除根

林丹汗死了，队伍散了，皇太极还是有点不放心。

林丹汗的儿子额哲没有找到，斩草不除根，后患无穷啊！再说还有林丹汗的那几个漂亮老婆，娶了她们就可以得到蒙古各部的支持。

崇祯七年（1634年）二月，皇太极让他的弟弟多尔衮和大儿子豪格率领一万精锐骑兵，专程到黄河以西去寻找额哲。

跑了一个月，额哲没有找到，却遇到林丹汗的老婆囊囊，她领着自己的下属一千多家，来投奔。

囊囊告诉了多尔衮额哲的下落。多尔衮派人护送囊囊先回沈阳，他带着部队继续寻找额哲。

多尔衮一行，日夜兼程，终于在托里图找到了额哲。

额哲没有抵抗，就交出了兵权，并且拿出了玉玺。

据说这个宝贝，元顺帝逃跑时曾随身携带，他死后，玉玺的下落就没有人知道了。

朱元璋为了这个东西，特地派军队到草原找了一次。但是没有找到，只好自己另做了一个。

过了 200 多年，一个放羊人放羊时，发现一只羊 3 天都不吃草，只用蹄子刨地。放羊的人很奇怪，就刨开了那块地，竟然发现那块失传已久的玉玺。

几经周折，那块玉玺就到了林丹汗的手中，林丹汗死后，就传给了他的儿子额哲。

多尔衮看到玉玺上用汉代文字刻着“制诰之宝”，高兴得跳了起来，立马给皇太极发了份“加急电报”。

皇太极听到这个消息，晚上一直睡不着，多次从梦中笑醒。

有了这块大印，大清就可以去掉旧帽子，名正言顺地成为一个国家了，因为这是天意。每个时代有每个时代的信仰，那个时候，大家都信这个。

多尔衮凯旋，皇太极带领高官出沈阳城老远去迎接他们。额哲的功劳也是不小，娶了皇太极的女儿，跟着他投降的人也得到不少好处。

八旗蒙古

林丹汗被皇太极收拾后，漠南蒙古便没有可以跟清廷抗争的人了。漠南蒙古的各个部落纷纷唯清廷马首是瞻。

清廷对漠南蒙古的收服政策，对清朝统一漠北蒙古起了相当积极的作用。

清军这么厉害，对待投奔的蒙古人又不错，这样漠北的蒙古部落也纷纷投奔了清朝。

有时候打累了，自由时间长了，让人管一下，还挺舒服的，当然好吃的好喝的还是少不了的。

但是皇太极知道单靠军事征服和镇压，是很难维持清朝在漠南蒙古的领袖地位的。

通过订立盟约和誓言吧，太不可靠了，所以皇太极渐渐地学会了用法律和制度约束蒙古各部。

让这些整天东夺西掠的蒙古部明白，杀人是要付出代价的，抢别人的马牛羊是要受到处分的。

还有就是清朝对你这么好，你是要给清朝干活的。清朝跟别人干仗的时候，叫你，你不能不去，不去后果是很严重的。

漠南和漠北蒙古都归清朝管了，皇太极感觉给他们分地的时机到了。

以前蒙古没有人统一领导的时候，大家为了一块地、几头牛羊打来打去。

现在不同了，有人领导了。皇太极决定在蒙古推行八旗制度：

年龄 60 岁以下、18 岁以上的蒙古人，必须编入八旗蒙古，盲人和残疾人除外。

八旗各自设立旗主一名，总管该旗的一切事务；

旗主的位子可以传给他的孩子，但是最终决定权在皇太极那里。

清朝通过分地，将蒙古各部固定在各地方上，解决了他们相互争斗的问题，同时把他们限制在一定的范围内。

这样清朝在草原一枝独秀的地位也就更加巩固了。

皇太极家的女人们

在古代，一个成功的男人背后，都会有几个伟大的女人。

皇太极的身后也有多个不平凡的女人，而且多是出自蒙古部。

与皇太极注册结婚，并且生有孩子的妃子约有 15 人：满族 6 人；姓名、民族不详者 2 人；蒙古族竟多达 7 人。

这里只能是大约的数，过去的皇帝，工作一天回到家中，周围除了阴阳怪气的男人，就是很多年轻貌美的女人。

皇帝的婚姻，因为国家和家庭的压力，常常不能幸福美满。但是偶尔开下“小差”还是可以的，并不会受到过多的责备。

崇祯的老爹光宗就是他的爷爷万历开小差的结果。傍皇帝，也成为很多皇帝身边女子的追求，不惜花钱、托关系找门路。

毕竟这是一条不平坦的大道。皇帝的妃子们为了防止自己的仆人超过自己，通常会交代皇帝的生活秘书，皇帝可以开小差，但是绝对不能随便就让别人怀孕。

和皇帝好过的人，通常会被处理一下。所以，皇帝有多少女人，谁会记得清呢？

但皇太极登记注册的妃子，还是可以查到的，来自蒙古部的共有 7 位。

博尔济吉特·哲哲，蒙古科尔沁部贝勒莽古斯的女儿，明万历四十二年（1614 年）嫁给贝勒皇太极，成为皇太极的皇后，当时她才 16 岁。

皇太极做了皇帝后，她也变成皇后，共生 3 个女儿，排行二、三、八。顺治称她为大妈妈。

博尔济吉特·布木布泰，顺治的生母，大名鼎鼎的孝庄太后。

博尔济吉特·海兰珠，蒙古科尔沁部贝勒宰桑的女儿，布木布泰的亲姐姐。天聪八年（1634 年），26 岁的她嫁给了皇太极。皇太极十分喜欢她，她的死让皇太极哭得晕了过去。她生有一个孩子，排行老大，可惜很小就死了。

博尔济吉特·娜木钟，蒙古阿巴垓部郡王额齐克诺颜的女儿，原为察哈尔蒙古林丹汗的正室。

林丹汗死后，娜木钟于天聪九年（1635 年）嫁给了皇太极，生有一个女儿和一个儿子博穆博果尔，均排行十一；另外领养一个蒙古女儿。

博尔济吉特·巴特玛璪，蒙古阿巴垓部博第塞楚祜尔塔布囊的女儿，原为林丹汗的侧室。

林丹汗死后，巴特玛璪于天聪八年（1634 年）嫁给皇太极。一生无子女，抚养一个蒙古族女儿。

扎鲁特博尔济吉特氏，蒙古扎鲁特部巴雅尔图戴青的女儿，于天聪六年（1632 年）二月嫁给皇太极。生有两个女儿，排行第六和第九。因为惹恼了皇太极，被皇太极休了，找个人嫁了。

奇垒氏，蒙古察哈尔部谔勒济图固英塞桑的女儿。生有一个女儿，排行十四。

当时的领导人婚姻时常为政治服务，皇太极之所以娶了这么多蒙古族的妃子，就是为了拉拢蒙古各部的势力。

作为政治牺牲品的婚姻，也就很难与爱情挂钩。但皇太极却把婚姻爱情融到事业中，脱离了政治婚姻的悲剧。

皇太极与海兰珠、布木布泰姐妹以及她们的好朋友苏麻喇的故事，为我们创造了政治婚姻也能幸福的例子。

海兰珠嫁给皇太极时已经 26 岁，当时的风俗是十几岁姑娘就要出嫁了。这个海兰珠是当时出了名的第一美人，知书识礼，贤惠端庄，苗条清秀，白皙娇嫩，妩媚动人。有人说，她此前曾经嫁给林丹汗。

但是皇太极仍为海兰珠的美所倾倒，娶了她之后，两人形影不离，其他人都只有受冷落的份儿了。

之后的事前面已经讲过，皇太极因为她的死差点哭坏身体。

布木布泰很小的时候就做了皇太极的妃子，同皇太极可以说是青梅竹马。

皇太极接任大汗后，布木布泰不但照顾家里，还要帮忙皇太极处理政务。由于热爱学习，积极上进，布木布泰很快成为皇太极的得力助手。

皇太极的妃子可以说不少，漂亮的也不少，但是有才能、品德好、长得又漂亮的，只有布木布泰一个。

每天面对一堆美女，总有些审美疲劳。家里不断发生妃子之间的口舌之争，心里总有些厌烦。

一天天巨大的工作压力，总想找个人在工作之余可以开开玩笑；思维陷入死胡同，可以提提意见。

但是将老婆带入办公室，这是犯忌讳的。那个时候女子无才便是德，参与国家政治是不允许的。

可是面对布木布泰这个集美貌、智慧于一身的侧妃，皇太极妥协了。特别是福临的出生，也就是后来的顺治，皇太极开始有意地培养布木布泰。

布木布泰也就成了皇太极的侧妃、生活秘书、智囊等。

谁说爱江山就不能爱美人，让美人守江山不就得了。

布木布泰出嫁时，带到盛京（沈阳）婆家一名侍女，名叫苏麻喇。

苏麻喇是蒙古族姑娘，蒙古语名叫苏墨儿，意思是“毛制的长口袋”。

蒙古族和汉族都有些父母用孩子降生时眼前见到的器物取名，毛制的长口袋是蒙古族日常随身携带的用品。

满语和蒙古语相近，到皇太极家后，人们用满语称呼她时就叫苏麻喇，满语苏麻喇是“半大口袋”，意思基本一样。“苏麻喇姑”的“姑”，是她一生的功德博得了公认，人们对她的尊称。

苏麻喇比布木布泰小几岁，是科尔沁草原贫苦牧民的女儿，长得虽不俊美，但吃苦耐劳、做事认真、勤奋好学、聪明伶俐。

她从大草原来到后金都城，带来蒙古族劳动人民的质朴、善良、节俭，也大开眼界，增长了见识。

她在皇太极家陪伴布木布泰学习的过程中，凭着刻苦努力和聪明的头脑，精确地掌握了满语，写得一手漂亮的满文，并提高了整体文化素养。以至于后来能担任康熙的启蒙老师。

她在布木布泰身边，将日常起居、屋里屋外的事，处理得既利索又妥帖。

她的才干和忠诚，足以使布木布泰信任，经常放手大胆地交给她更重要的工作。人们也认为她是孝庄太后最亲信的人。

皇太极担任大汗后，进行了一系列的改革。服饰的变革是皇太极最头痛的事儿。

后金建立没有多长时间，以前大家整天忙于打猎，再后来忙于争地盘。

根本没有想到会有今天的成绩。

大家都是兄弟亲戚，冷了穿动物的皮衣，热了把它们剪短，没有想到要搞什么服装设计，穿出品位和尊严。

现在不同了，已经建立了政权，出门都要代表一个国家的形象。

服装设计经过几次开会讨论还是没有拿出最终方案，满族人要保留飞禽走兽的图腾，汉族人要印上孔子的像，蒙古族要求宽松，最好可以摔跤。

孝庄向皇太极推荐了苏麻喇参与服装的设计。说苏麻喇擅长服装设计，除了熟悉蒙古族服饰外，还对汉族和满族的服饰颇有研究。

苏麻喇在继承传统式样的基础上，吸收各族服饰的长处，进行创新，出色地完成了任务，得到皇太极的书面表扬。

清朝的这套工作服和贵族服饰，一直沿用到清朝快要灭亡的时候，基本上没有大的改动。

清朝灭亡后，有些旗装仍受到大众的喜爱。而经过改进的旗袍，一直流传下来，深受女同胞的喜爱。

这都少不了苏麻喇姑的功劳，可以说她是 17 世纪以来，全球最伟大的服装设计师之一。可能很多人还不知道她的名字。

用食物换黑龙江

黑龙江地区是女真人的发源地，作为女真后代的满族人一直想着收复祖先的领土。

努尔哈赤创立后金后，通过艰苦卓绝的斗争收复了黑龙江中下游地区。

皇太极上台后，一边收拾朝鲜和蒙古各部，一边采取各种措施谋取老家的解放。

黑龙江地区森林茂密，生活的民众多是靠打猎为生，基本上还处于奴隶社会阶段。当地居民多是由“头人”领导，零散地分布在森林的各个角落。

努尔哈赤收复这些地区的政策主要是军事进攻，可是那里林子太大了，居民住得比较分散。往往是你来了他们投降，你走了他们又成土霸王了。

皇太极上台了，一改他父亲的强硬政策，采取招安的政策拉拢这些部落。

这一措施收到了很好的效果，处于采集阶段的人类社会，生活水平比较低，他们经常处于饥饿状态，现在清朝要送给他们东西，代价就是承认清朝是这块地的主人。

在黑龙江地区，有些部落处于奴隶社会的末期，也就是生产出现了剩余，他们不需要向别人要吃的。生产力极其低下的年代，人们的追求主要集中在物质方面，权力的需求是在生产出现剩余后出现的。这些部落的首领开始追求权力，但此时还只局限在他们自己很小的活动区域内。

他们都还没有正规的军队，战斗力都还处于打猎的级别，最原始的合作，因此没有什么可以跟清朝的精锐骑兵相比的。

清朝的军队在黑龙江上游转了一圈，很快划定了清朝在东北的边界。遗憾的是，清朝没有留下军队，而是把他们交给了还没有战斗力的土著管理，这就给一个叫俄罗斯的国家留下了空子。

当皇帝要有范儿

皇太极明白自己的位子是兄弟子侄们推举出来的，随着财富的增加，关键是地盘的扩张，皇太极的权力欲望也急速上升。

以前大家守着巴掌大的林子，动不动就要饿肚子。虽然也抢到不少的东西，但是叛军的名声一直没有改变。

现在不同了，朝鲜再加上收服的蒙古各部，几次对明军作战都取得胜利。皇太极觉得对北京的渴望越来越强烈了。

范文程很快觉察到皇太极的意思，一次吃饭的时候，他给皇太极讲了个故事。

说是汉高祖刘邦刚当上皇帝的时候，与大臣们还是平起平坐。没办法，大臣们多是原来和他一起出生入死的兄弟。以前大家有衣同穿，有饭同吃，根本就没有什么上下之分。

你是老大，那是大家敬重你，并不是说大家要无条件尊重你。你得罪了我，我照样可以打你。就像李逵认为宋江好色，就可以砍下旗杆，表示不满。

后来一个知识分子就告诉刘邦，你现在是皇帝了，应该有皇帝的派头。大臣们应该有个等级观念尊重你。然后告诉刘邦怎么做。

刘邦虽然很看不起知识分子，把知识分子的帽子当尿壶的事情，这老兄也做过。但是刘邦也知道他们打仗不行，对当皇帝这么有技术含量的事情，他们却在行。

等大臣们再来开会的时候，发现原来自己坐的椅子被撤掉了，只好站着开会。

刘邦大呼：现在终于明白做皇帝的好处了。

皇太极听了这个故事，甚慰！范文程的工作做得真是没话说。

以前发生的一幕幕又浮现在皇太极的脑海中。

虽然自己名义上是后金的大汗，但是大的事情还要跟代善、莽古尔泰他们商量。按照少数服从多数的原则，每次都要哄这个、拉那个，办事效率特别低。

崇祯四年（1631 年），后金围困大凌河城时，皇太极离开军营，来到城西的山冈，视察城内动静。

这时候莽古尔泰走上了山冈，想向皇太极要回军旗。之前莽古尔泰因为犯了错，被皇太极没收了军旗。

皇太极说：

“你每次执行任务时都出现问题，现在还不能归还你军旗。”

莽古尔泰不服，顶撞道：

“我的任务永远都比别人多，而且我也没有犯什么错啊！”

皇太极见他顶撞自己，很生气，说道：

“如果真是你说的这个，就是有人诬告你，我一定会严惩他们。如果揭发属实的话，我将依法办事。”

皇太极这时候的脸因为怒气变得通红，说完就要回营房。

莽古尔泰不依不饶，紧接说：

“皇上为什么单单为难我呢？只因为你是大汗的缘故，我才事事让着你。你却步步紧逼，难道你想杀了我不成？”

说着，就要去抽腰间的佩刀，还两眼冷冷地注视着皇太极……

这个时候皇太极的侍卫，竟然无动于衷。

从侍卫到兄弟，大家都还没有严格的等级观念。侍卫觉得你们兄弟之间的争斗，关我们什么事啊！

皇太极跟姐姐哈达公主关系不好，有一次一家人出去吃饭，哈达公主赌气没吃饭就离开了。经过代善家时，代善把哈达公主请到家，不但设宴款待了她，临走还送了很多东西给她。

本来大家都是亲戚，请吃饭，送礼，也没有什么大不了。但是代善这样做，让皇太极很难堪。

皇太极很想学刘邦那样，让兄弟子侄们尊重自己，把自己当成皇帝看。有范文程这一帮笔杆子在，皇太极很快“收拾”了众兄弟，实现了“南面而尊”。

皇太极享受了皇帝的威风后，便决定向北京进发，毕竟那里太有吸引力了。

肆无忌惮的“见好就收”

皇太极正在打扫自家的后院时，大明的后院也炸了锅。

崇祯的哥哥天启皇帝在任的时候，虽然各种事件屡屡发生，但是当时还只是围围县衙，砸砸厅堂，最多也就是把知县给杀了。

到了崇祯上台后，就不同了。“暴民”的胆子越来越大了，碰到巡抚、总兵，照杀不误。

虽然当时起义事业形势很好，但李自成毕竟还年轻，刚入这行。再说同行竞争太激烈，朝廷抓得比较紧，随时都可能掉脑袋。

李自成决定找个有实力的靠山，而有没有实力当时看的就是规模和声势。有了人头才能唬得住人，才能在接受国家招安的时候，得到更多的补偿。

本来招点人，抢他几个县城，太容易了。一个县也就那么十几个驻军，如果去掉几个怕死的，就更少了。进攻县城，只要敢去，就会得手。

崇祯刚上台的时候，忙着收拾魏忠贤这班人，没有时间管这些起义的人，就派了杨鹤去招抚这帮人。

杨鹤，字修龄，武陵人，进士，官至兵部侍郎，负责陕西三边的防务。杨嗣昌是他的儿子。

他为人正直，信奉“以和为贵”。他主张和平解决与农民军的冲突，后来农民军越闹越大，他自己落了个撤职处分。

即便如此，崇祯也没有在意这些人，倒是很担心后金和全国的大旱。在古代，一有灾荒，百姓就会认为老天对下面的皇帝有意见，在警告他改正。

作为“老天的儿子”，皇帝要向老天和全国人民道歉，并检讨自己的错误，采取措施安抚广大人民群众。

这个时候，大明的这个“以和为贵”杨鹤，即向崇祯提出“元气论”，杀百姓太多，就会伤了国家的元气。这论断很有杀伤力，因为当时社会崇尚阴阳五行，相信元气是世界的根本。

崇祯采用了杨鹤的理论，并将他从都察院调到西北前线，去解决陕北的农民起义问题。

杨鹤带着崇祯的嘱托，还有崇祯的小金库，来到西北前线。

京城的大官带着皇帝的嘱托，带着他老人家的私房钱，来看农民军兄弟了。这下他们没有造反的理由了，对杨鹤充满了感激，对国家也怀有一定的负罪感。

于是大家争着给杨鹤抬轿子，并发誓回去一定做个安分守己的公民，绝不给朝廷添麻烦。

可是大家回去之后，发现有家也回不去了。本来都是乡里乡亲的，要在平时是不应该抢那些有钱人的，现在不是发生灾荒了吗，受不了有人鼓动，就抢了有钱的邻居。

现在朝廷是原谅自己了，但是有钱的邻居一家子可不肯就此罢休。杀了人是要抵命的，拿了别人的钱也是要还的。

回不了家，只有四处游荡，这时想起以前带着自己抢东西的大哥了。

大哥们也混得不容易，自己没有文化，也没有背景，全靠朝廷的政策，给弄了个官做做。

以前跑江湖那帮兄弟，没有饭吃了，经常找上门来。不接待吧，拉不下脸来；招待吧，确实负担不起。

整天拿着那点工资，确实没有以前自己单干爽。

还有地方官员对有前科的人，大都不正眼相看。虽然表面装作很害怕你，但是打心眼里看不起你。

如此窝窝囊囊地过日子，显然这些大哥忍受不了。接着，纷纷带着兄弟又走上了造反的老路。

崇祯皇帝很生气，就把杨鹤给抓进监狱。代替他的便是“大名鼎鼎”的洪承畴。

洪承畴从小家境贫寒，学习成绩却很棒，万历四十年（1612 年）参加会议和殿试，得了第 14 名。由于家境比较贫寒，洪承畴没有继续深造，被分配到刑部工作。

此后的十几年，洪承畴混得还不错，先是做了刑部郎中，后来又到地方当了督粮参政。

作为一个家境很一般的子弟，混到这个份上已经相当可以了，但是洪承畴受过多年教育，是个有文化的人，他觉得不能替皇帝分担忧愁，不能为国家作出贡献，人生是不完美的。

洪承畴虽然小时候家里很穷，但是对付起贫苦百姓来，一点也不手软。他对付不老实的农民只有一个字——杀。

李自成投奔王左挂时，陕北这个地方刚好归洪承畴管。

洪承畴后面还要详细介绍，这里先不写了，只知道很多人都曾骂他。

王左挂，史书没有什么记载，只知道当时他是关中大侠，比李自成早几年出来混，曾经做过李自成的大哥。

当时王左挂的5000兵马，多是陕北的当地百姓。大家多是亲戚或是一起放过牛，一起在冶铁厂打过工。

平时大家就经常一伙一伙地打架，这个县跟那个县，这个村跟那个村的。大家为了抢东西，暂时凑到了一起。

遇到洪承畴这个军事奇才，农民军群殴的技术显然是不行了。

王左挂带领大家放下了武器，他以为官府会原谅他们的，不然洪承畴也不会请他们吃饭。

显然他们想错了，毫无戒心的他们，还没有入席就丢了小命。

崇祯四年（1631年），王左挂挂了以后，李自成带着自己的人从陕西跑到山西，投奔了王嘉胤。

王嘉胤，府谷县（今陕西省府谷县黄甫乡宽坪村）人，是当时最早举事的领导者之一。

王嘉胤确实是个人物，张献忠、高迎祥都在他的手下干过，当时他手下有三万多人。

但是他很不幸，遇到了曹文诏。

曹文诏没有读过一年书，是从一个小兵开始一路打出来的将领。

他原来在东北当兵，后来很得袁崇焕、孙承宗的赏识，与后金的努尔哈赤、皇太极等交过手，并且打败过后金的大将阿敏。

崇祯看西北的农民起义越闹越厉害，就调曹文诏去平定西北，他带的一千关宁铁骑是当时大明最精锐的骑兵。

王嘉胤虽然人数占优，但是能打仗的不多，而能给他做参谋的人更少了。不然他也不会轻轻松松地被曹文诏断了运送吃喝的道路，让三千人包了饺子。

没有了吃的喝的，王嘉胤带着3万兄弟拼命突围了两个月也没能成功。

急着逃命的王嘉胤，饿得大脑缺氧，最后跳进了曹文诏为他设的圈套。

每当他们要吃饭的时候，曹文诏的军队就会赶到；每当他们要睡觉的时候，明军就会准时出现。

受够了这种折磨的小弟们，选择放弃追随王嘉胤，带着王嘉胤的人头投降了。

王嘉胤离开后，他的弟弟王自用被推举为农民军的领袖。但此时农民军心已经散了，大家各人有各人的打算，一点也不把王自用放在眼里。

王自用，陕西绥德人，也有说是宜川人，又名王和尚，人送绰号紫金梁。崇祯元年（1628年）时农民起义骨干之一，为王嘉胤的下属。

没有人保护的王自用被官军给围了起来，各地的农民军都在看笑话，看着老大被官军给处理了。

好在李自成讲义气，伸出援手，救了老大一命。

但是树大招风，你没有多大实力就做老大，是很危险的，所以王自用还是被朝廷给法办了。

农民军在山西闹腾起来后，崇祯很生气，调兵遣将准备彻底收拾这帮“暴民”。他竟然动用京畿护卫部队，让倪宠、王朴两人带上当时最先进的武器，试图一举消灭农民军。

倪宠当了6年的兵，到边关体验过生活，屡立战功，升为参将。这老兄战斗能力还是可以的，只是此人为将才，非帅才，独当一面的能力有点差。

王朴，军事院校没上过，仗也没打过，看到流血就哆嗦。因为祖上有军功，才得了这个位子。

倪宠、王朴这两位从京城空降的将领，虽然不怎么会打仗，但是运气好，刚下到地方，农民军就要投降。

这很难不让人骄傲，你们地方官整天说事情难办，我们一来就成功了。这说明什么，我们比你们厉害多了。

其实是高迎祥他们被洪承畴搞得没有办法，从陕西跑到山西，又从山

西跑到河北。

高迎祥，一名如岳，陕西安塞人。崇祯元年（1628 年）策划农民起义，自称闯王。王自用死后，他成为起义军的主要领导之一。

现在河北又来了王牌部队，高迎祥只好领着小弟们往回跑。

可是后面也没有退路了，左良玉在那里等着呢。

左良玉从辽东起家，在战场上摸爬滚打了好多年。手下那些兵均来自河北一带，武器装备也很精良。

农民军已经跑得太累了，也想歇歇了，就答应向朝廷投降。

有点轻飘飘的王朴，急着回京城家里看看，很快接受了农民军的投降。

陷入绝境的农民，获得了东山再起的时间，再加上老天的帮助，他们踏着老天赐给的黄河封冻，顺利渡过黄河，跳出了明军的包围圈。

跨省追捕

接下来，农民军在高迎祥的带领下，在湖北、河南、陕西交界地区打出了一片新天地。

正当农民军顺风顺水时，卢象升来会农民军了。

此人虽然长得白白净净，但是武艺高强，驾车、射击技术一流。即使在与蒙古军的交手中，他也很少吃亏。

在当时那个兵荒马乱的年代，他一个人驾车跑去农民军活动频繁的地区。

对付这样的人，农民军真是没有办法，惹不起只好跑回老家去。

鉴于农民军跑来跑去，游击作战，崇祯设置一个官位，掌管农民军活动比较多的河南、四川、陕西、山西、湖北五个省的军务。

考虑到洪承畴已经为国家作出了不小的贡献，崇祯就让陈奇瑜担任了这个职位。

陈奇瑜也不是吃素的，也是进士，曾经和洪承畴一起在陕西做官。

明军主力都调到山西后，陈奇瑜带领两千多人吃掉了起义军三万多人，可见作战能力也不一般。

陈奇瑜上任后，便组织一系列战斗，均取得胜利。

但是农民军数量太多了，这样一点点地吃，太麻烦了，为了省事，陈奇瑜准备把农民军赶到一个口袋中——车厢峡谷，一举歼灭。

车厢峡谷位于陕西南部，长几十里，周围大山环绕，只有两头可以走出去，而且出口很小，是一个天然伏击的好地方。

农民军的五万精锐部队，很自觉地走进了峡谷，没有办法，官军太猛了，跑也要按照他们的意思。

眼看就要精锐全失的农民军，成功地诈降了陈奇瑜，从峡谷中逃了出来。

据说陈奇瑜刚上任的时候，农民军看他很猛，就想着送点礼给他，求他高抬贵手，给留条活路。

做了多年官员的陈奇瑜知道，再怎么说农民军也是国家的公民，杀他们与杀后金人不同，杀多了会引起国人的共怒。

自己辛辛苦苦，为啥？不就是想让国家太平一下，现在农民军已经没有多大气候了。何必全杀了他们，给自己在历史上留下骂名呢？

农民从峡谷中死里逃生后，又跑到了荥阳。当年刘邦、项羽就在此地划界平分天下。

农民军来这里，是为了总结失败的教训，明确下一步的战斗方向。

在这次大会上，农民军提出了向崇祯的老家——朱元璋的出生地安徽进军的作战计划。

说到做到，这些农民军把憋在心中的恨，全都发泄在崇祯的祖坟上。

在古代，挖人家祖坟是很不厚道的行为，但是农民军已经出离愤怒了。你杀我的兄弟，我就挖你祖坟。

这也表明农民军彻底放弃了投降的策略，准备与官府对抗到底了。

趁着凤阳的胜利，农民军一路开到了西安。正当农民军准备占领西安时，洪承畴又回来了，这下农民军又败了。

正在卢象升、洪承畴他们取得对农民军一个个胜利时，皇太极带着他的部队来中原抢粮食来了，先锋已经逼近北京。

崇祯只好把卢象升调回去保护都城。

原本农民军可以松口气，谁知道孙传庭又到陕西当巡抚来了。

孙传庭很强，懂得抓生产，在军队中开展生产，自给自足。

他上台不久就打了个漂亮的伏击战，击伤了高迎祥，并很快捉到了他。

高迎祥的部队四分五裂，一部分人跟了李自成。

这时候新上任的杨嗣昌故意给洪承畴难看，逼着洪承畴进攻农民军。

本来还想留一手的洪承畴，没有办法只有与农民军决战到底。

崇祯九年（1636年），洪承畴手下大将曹变蛟在汉中打败了李自成，李自成只好逃到四川。

洪承畴又追到了四川，李自成没办法，只有逃到甘肃。曹变蛟又追到甘肃。

这次李自成27天都不敢下马，吃喝拉撒都在马背上，精神极度紧张，已经到了崩溃的边缘。

李自成带着3000残兵到了四川后，本来想好好休息下，顺便与兄弟部队联络下感情，结果张献忠兄弟日子也不好过，准备投降了。

谁知道洪承畴又追上来了，当时正是夏天，很多农民军中暑了，关键是没有吃的东西。

很多拜过关二爷的兄弟离开了自己，李自成觉得自己太窝囊了。与其躲在山里饿死，不如出去拼一下，或许还有一线生机。

最后他决定带着十几个真正的生死之交去河南。

经过大明所派官员加几位出色将领的努力，大明的后方安全了，或者说暂时安全了。

大明的后方是暂时安全，但是前方却乱得一团糟。钱都花在农民军身上了，这样东北的明军工资就有问题了，特别是毛文龙手下的一些官兵，本来就寄人篱下，现在总算有理由离开了。

第八章　抢滩！东北海军基地

三个小海盗

孔有德、耿仲明、尚可喜三人是铁哥们。三个人虽然都是东北人，但是起初大家并不认识，毕竟东北那么大。三人是在做海盗的过程中建立了深厚的感情。

三人为什么做海盗呢？从后来的表现看，也不是平常人啊！没办法，都是因为穷啊。

有钱人绝对不去做海盗，只有穷人才去做海盗。

做海盗看似回报丰厚，但是危险系数太大。做小喽啰你就只有喝汤的份儿，但是被政府抓起来，判刑却是差不多，都是一个死。

如果你不怕死，其实那就没有可怕的了。但是还有你害怕的，你死了还要背上莫大的一个黑锅，因为抓到你的官兵会说你是日本人。

这对于中国人来说绝对是侮辱。

因为从周代以来，我们就按离中国的远近，来划分世界的等级。有点类似于现在的市区、郊区、郊县的划分。

日本比朝鲜还远，当然还要低一个等级。

朱元璋打败陈友谅之后，虽然建立了政权，但是一直很担心陈友谅的部下哪天又从水上冒出来，所以他便制定严禁出海的规定。

朱棣夺了侄子的皇位，听说侄子坐船跑了，所以很担心这个侄子再回来找自己算账，因此特派郑和出海遛了一圈后，决定毁掉大船，实行海禁。

这也成了明朝的一个基本国策，但是政策实行得并不是很严厉。明中叶以后，中国商品经济得到很大发展，因此对白银的需求量不断增加。葡萄牙看到这一贸易需求，从北美运来白银，换回中国的瓷器、茶叶和丝绸。

沿海很多地方的百姓都看到了这个行当有利可图，于是很多富户也参加了走私活动。走私活动的猖獗，不但扰乱了国家正常的经济秩序，而且还有可能促使国内外的不法分子勾结起来，破坏国家安定的大好局面。

于是嘉靖时期就实行了严格的海禁政策，这个时候日本人就受不了了。

没办法，这个国家还处于战国时期，对于中国的依赖程度比较大。中国一旦不跟他们做生意，他们吃的用的就出现很大问题。

明朝政府从来就不喜欢这个国家，觉得是蛮夷之邦，化外之地，因此也限制他们到北京来朝贡。

日本的贵族看没有办法，就组织了一批人，到中国沿海干起了抢劫的勾当。

当时日本航海技术很不发达，来的也就几个人。但是明朝地方官员们，为了给自己立功的机会，自然不忘夸大他们的人数和破坏力。

没有那么多日本人，好办啊。可以拿中国渔民充当，反正砍下头都是一样的。

孔有德、耿仲明、尚可喜三个死里逃生，看到官兵可以随便杀人，还可以领钱，三个人也参了军。

有污点的军人，注定没前途

由于干过海盗这个污点，三个人到哪里都被人看不起，低级军官也就成了他们的最高官衔。本来他们这个职务也可以克扣士兵一些，但是明朝动不动就不发饷银，再扣士兵的，他们会饿死的。

三人有时候聚在一起，喝点小酒。喝高后，三个人就会羡慕起后金的士兵们，他们多潇洒，想怎么抢就怎么抢。

但是三人知道后金也是一帮狠人，不能好好的官兵不干，去做那个，说不定哪天明军就把他们跟杀海盗一样杀了。

东北那时乱糟糟的，三个人一直在压抑自己的性格，随时准备着跳槽。终于有一天他们不用跳槽了。因为他们所在的军队被后金打得连编制都没有了。

这个时候毛文龙的名声在东北地区打响了，三个人接受了“毛帅”的领导。

工作干得相当卖劲，为什么呢？因为他们的工作就是向过往船只收保护费，可以穿着官服干回老本行，三个人别提多高兴了。

但是有些事情的发展是不以人的意志为转移的，伟大英明、知人善用的“毛帅”被袁崇焕给杀了。

接下来毛帅的副官陈继盛接任，这是朝廷的安排。下面就有人不服气了，参将刘兴治起兵叛乱，杀了陈继盛等人。

上级军官之间的杀来杀去，对于孔、耿、尚等人，没有多大的影响。因为他们军衔比较低，不用为站队烦恼，那是上级军官的事情。

为了平息皮岛叛乱，明朝派总兵黄龙前去镇压。黄龙也是东北人，但是作风比较正派，对于坑蒙拐骗和抢劫的事情深恶痛绝。

关键黄龙属于辽西一系，与毛文龙的辽东系统存在不小的隔阂。孔、耿两人不是喜欢受气的主，所谓道不同不相与谋，两人一合计，决定去山东孙元化那里试试运气。

孙元化，与徐光启和利玛窦合作多年，著作颇丰。合撰《几何原本》《勾股义》，独立撰写《几何用法》《西学杂著》《经武全书》等；学识中西结合，文武兼备，是个难得的儒将；早年跟随袁崇焕，宁远大捷中大炮厥功至伟，而这少不了孙元化的功劳；后来跟着孙承宗、梁廷栋，很快升到了山东登州、莱芜的巡抚。

孔、耿两人也正是看到孙元化成了仅次于祖大寿的“山东虎”，才决定过去投奔他。祖大寿是袁崇焕的部下，他们不敢去。

孔、耿两人拉了不少兵过来，孙元化正是用兵之际，孔有德被任命为骑兵将领，耿仲明被派往登州驻防。

孙元化也知道这两个人经常跳槽，手头还不干净。但是这样的人，没文化，有时候没文化的人最好管理。

孙元化绝对没有想到这帮东北兵这么能惹事，不然绝对不会要他们。

崇祯四年（1631 年），皇太极攻打大凌河城，孙元化派孔有德带着 3000 士兵从海上增援，但是很不幸，遇到海风，孔有德差点喂了鲸鱼。

刚回来，头发还没有干，孙元化又派孔有德带领八百骑兵赶去支援。

孙元化考虑到孔有德不听话，800 人中山东和东北士兵各占一半，本来这是没办法的办法。孔有德很郁闷，因为脑袋整天喝酒喝坏了，但是还没傻。

他出发后，走到山东邹平就不走了，一停就是一个月。

本来就没有带那么多天的粮食，现在没有吃的了。正在孔有德要想坏点子的时候，李应元来到了军中。

李应元的父亲跟孔有德、耿仲明一起投奔了孙元化。

孔有德知道这孩子来了，肯定有办法。

李应元告诉孔有德自己是给部队买马的，刚好碰上。孔急忙向这个侄子征求意见。

李应元对于这位叔叔，还是比较敬佩的。虽然脑子不好使，但是打仗很有一套。于是告诉孔有德，孙元化摆明是要除掉我们这些人。

孔有德恍然大悟，终于明白自己怎么得了这个倒霉差事。接着问他怎么办?

李应元说现在士兵情绪很不稳定，不如利用我们的势力反了。听说后金正在招兵买马，弄点人马，投降后金，肯定有个好前程。

孔有德觉得很有道理，说干就干。孔有德带着饥饿的士兵，掉头向济南打去。

很多县城守军还没有反应过来，就被孔有德的骑兵给荡平了。这样孔有德的军队很快来到了登州城下。

孙元化没有想到孔有德会来这手，但是他知道孔有德那点兵马奈何不了自己。孙元化的分析不无道理，但是他忘记提防耿仲明这小子了。

孙元化还是书读得太多，几何学得太好了。觉得对耿仲明不错，按照加减法则，他不应该出卖自己，但是人类社会不是简单的加减。

耿、孔两人当海盗时期结成的情义，用金钱甚至高官是很难买到的，还有就是老乡的情义，更是让人难以捉摸。

我们喜欢把人分成几个等级，最简单普遍的分法，就是城里人和乡下人。这怪不了那个朝代，汉代的时候贾谊大才子虽然也有洛阳户口，但是他还是会被洛阳土著官员看不起，就因为他是后来搬过来的。

鉴于这个传统，就会有人把各地的人分成北京人、河南人、山东人等。

耿仲明在城内找到东北老乡，大家一商量，完全赞同耿、孔的做法。

孙元化一代儒将就这样被手下几个流氓给搞垮了。当然这几个流氓还知道孙元化对自己不薄，就放了他。

可怜的孙元化觉得自己很对不起朝廷，对不起人民，就决定到北京找崇祯去请罪。崇祯气急败坏，在天津就把他给杀了。

孔、耿两人攻下登州就不知道自己姓什么了，他们认为现在没有必要去投靠皇太极，自己在山东搞个山头不好吗?

这时明朝派来了祖大弼前来灭他们，随行的还有几万兵马。

祖大弼何许人也，祖大寿的弟弟，打仗就一个字：猛。

孔有德见来了这位东北老乡，知道这下糟了。你跟他谈老乡情，那纯粹是浪费口舌。但是犯了造反这样的错，就没有办法改正了，因为朝廷不会再给改正的机会。

撑了五个月，李应元也倒下了。孔、耿决定突围向皇太极靠拢。

“海贼王”登陆

孔、耿一直跟皇太极方面联系，但是很可惜他们官衔太小。对于不怎么出名的人物，皇太极显然没有特别放在心上。

为了确保自己投降后的地位，孔、耿决定带上所有的士兵，约一万人，还有家属。士兵们跟着你造反，这可是全家掉脑袋的活儿，不带着他们的

家属，谁还跟着你干？

这拖家带口从陆上跑肯定不行，只有从海上跑了。

于是趁着夜色，所有人乘着几百艘船出发了。因为走得比较匆忙，粮食带得很不够。耿、孔一行人，只好走几天，派小船到陆上抢点食物，然后再走。

毕竟是干过海盗，所以吃饭对于他们还不是最致命的问题。致命的是这几百艘船，一般的小港口，根本停不了。

必须到大的，最好离沈阳比较近的港口。孔、耿两人一直认为这个地点就是旅顺。

隋唐以来，旅顺就作为一个港口而存在。隋炀帝三次征讨辽东的时候，旅顺就作为一个口岸，当时叫作马石津。唐太宗攻打辽东，也是从旅顺登陆。

和孔、耿想得一样的还有黄龙。

耿、孔率领部队从海上逃跑后，黄龙知道他们一定要到旅顺来，于是便架好大炮等着他们到来。

耿、孔两人来到旅顺，发现黄龙的海军后，差点没恼死，怎么偏偏是他呢？要是换了别人，他们兴许还可以争取到一条后路。

面对被他们甩了的黄龙，真是冤家路窄，这次黄龙必定会全力歼灭他们。

要是平时大家拉出来，不见得谁输谁赢。一群丧家之犬，好多天没有吃饱肚子了。几个月的连续航行，即使在现代海军技术的情况下，也比较困难。

关键时刻，耿、孔两人明白，打不赢就跑呗。只要自己开足马力快跑，黄龙不见得赶得上他们。

但是要想快跑就得减轻重量，老婆、孩子该丢就丢了。

一些地痞似的人物，在紧急情况总会扔下老婆、孩子。刘邦也被项羽追得扔下了老婆、孩子。他们知道只要他们自己不倒下，一切都可能会回来。

惨败的孔有德只好躲到小岛上居住，现在属下的士兵少了一大半。如

果在岛上待的时间太长，即使不饿死，士兵也难免出现状况。

毕竟他们对这一带太熟悉，好歹也在这一带混了一二十年。朋友不说多吧，但是认识的人还是不少的。

这个时候朋友并不见得可靠，可靠的只有铁打的交情。兄弟也不能打包票，能打包票的只有钱了。

孔有德知道现在必须尽快与皇太极联系上，不然就惨了，但是要皇太极相信自己，有点难度。虽然他们也带着不少人，还有大量的武器装备，但是在没有投降之前，这些都是空话。

好在在山东打杀的经历告诉他们，需要派人去沟通。

孔有德决定让张文焕带队，率领 100 多人的队伍，去盖州与皇太极方面取得联系。

张文焕胆大心细，也是海盗出身。对于同一专业毕业的小老弟，孔有德觉得他办事自己很放心。

张文焕一行也没有辜负重托，终于与后金达成协议。

在后金军队的帮助下，孔有德一行终于结束了半年之久的海上逃亡。

孔、耿两人归顺后金后，受到了很高的礼遇。两人激动不已，感觉找到了组织，于是主动提出带兵去灭旅顺。

其实两人就是个有仇必报的主儿，现在得知旅顺守军赶去鸭绿江，城内守备空虚，就想过去找黄龙报仇。

黄龙见孔、耿两人又来了，便在城上大声说道，两位将军的衣服怎么变了，比以前的好看多了。

孔、耿两人知道再聊下去，自己就得找个地洞钻了。

孔、耿两人带了那么多先进武器，旅顺很快被攻下了，黄龙也壮烈牺牲。

尚可喜此时已经升为广鹿副将。明朝在辽东的据点只剩下几个岛屿了。他不光吃饭困难，就是饮水都成问题了。

看到昔日的好友孔、耿两人，都已经走上了“光明的大道”，尚可喜有些心动了，现在自己虽说穿着朝廷的官服，但是跟以前做海盗有什么区别呢？

整天提心吊胆，温饱都不能解决，这样坚持的意义在哪里？

等着明朝军队反攻那一天，恐怕自己早挂掉了。

正在这时候，耿、孔两位友人的书信到了。偷偷摸摸地看了两位战友的书信后，尚可喜决定动手了。

没办法，皇太极开出的条件太诱人了，整天守着破岛做什么？想到就要见到两位兄弟，又可以同他们一起作战了，尚可喜都忘记这是在做什么了。

这样，明朝的东北海军基本上都无条件地被出卖给后金了，毛文龙建立的“毛氏防线”也就不存在了，皇太极去北京就更没有什么顾虑了。

第九章　目标只剩一个——大明

选择北京周边

皇太极将后院打扫得差不多了，林丹汗和他的部落被降服；朝鲜已经被收拾一次了，也掀不起什么浪了；辽东的毛文龙挂掉了，他的部队也已经散了。

刚好又碰上了干旱，从很久很久以前，草原的民族一遇到干旱，就要南下中原，解决吃饭问题。

皇太极很小的时候，喜欢坐在父亲努尔哈赤的膝盖上，听他讲故事。他的父亲总爱说自己在北京的见闻。

北京的城墙比沈阳高几倍，人不知有多少，当官的穿的衣服又轻又暖和，高楼大厦、良田美女，应有尽有。

那个时候皇太极就有一个梦想：把北京周围的良田都变成草原，养马打猎，那是多么惬意的事情。

皇太极知道明朝很看不起自己，说清军以及以前的后金军队是土匪，净干些杀人抢劫的事儿。皇太极觉得自己接任后，较之父亲努尔哈赤时期，已经有了很大的改善。

但是你让从小就是骑在马背上、常常为吃饭问题发愁的兄弟，讲究以德服人、学习科学文化知识，太难了，明显赶鸭子上架嘛！

从努尔哈赤时期的十几个人、七八把刀，发展到如今的数十万军队。大家一直认准一个死理：枪杆子里出政权。

谁抢到的东西多谁的功劳大，至于杀人就像狩猎杀死野兽。你不愿投降就杀死你，这是狩猎的法则，延续几百年，皇太极也没有胆子和能力改变祖宗留下的东西。

在东北与明军交手不是一两年了，在后金和明军的祸害下，战火早把这片土地烧焦了，现在东北已经没有什么油水可捞了。

第一次自己亲自带队偷袭山海关内的明朝地区，当时的心情是既刺激又有些不安。毕竟太冒险了，稍有不慎，就会被明军给灭掉。

谁知道不但有惊无险，还搞掉了死对头袁崇焕，重要的是抢到了可以过好几个冬天的储备，第二次更是抢得满载而归。

第一次皇太极曾离北京皇宫那么近，已经冲到了北京城下。当时皇太极脑中也闪现了一个信念——杀了皇帝，夺了皇位。

但是这个信念，也就是闪烁了一下。看到北京高高的城墙，他立马意识到，原来父亲努尔哈赤没有欺骗自己。

与明军单挑，清朝勇士肯定没问题，但是攻城，连大凌河这样的小城市，都费那么大的劲。来投奔的明朝子民，会死心塌地效忠清朝吗？他们骨子里还是瞧不起这个山窝窝里出来的政权。

一个小小的范文程已经那么厉害了，他在中原也只是个小人物，根本没有发挥的空间。范文程老说江南好，不知道什么意思，他家在东北，还总以为别的地方好，真不知道这些知识分子怎么想的。

皇太极还不清楚西北此时的情况怎么样。先前听说西北也有一些武装力量在折腾明朝，并且折腾得不轻。既然西北已经被他们抢过了，清军再去也没有什么意思了。

皇太极总觉得，第一次抢北京的时候太紧张了，走得太匆忙，很多东西没有来得及带走。

范文程等也认为，现在农民军是明朝的主要解决对象，不然也不会调东北和北京的精锐部队，赶去“围剿”。如果不趁着北京防御减弱的时候抢一下，将来会后悔的。

皇太极召开高级会议，大家一致同意，但是在怎么抢、抢哪些地方的问题上产生了分歧。

满蒙的军官坚决拥护旧政策，而范文程为首的汉族官员则希望能够减少百姓的伤亡、优待俘虏。

大家对于抢劫北京周边地区没有不同意见，但是以刚入伙的耿仲明、尚可喜、孔有德为代表的山东降将则想顺便抢掠山东地区。

在他们夸耀运河周围山东地区的富裕后，其他军官们也动了心。但是有些人极力反对抢劫山东。

这要从明代的军事制度说起，明代的卫所制度规定一旦入了军籍，子子孙孙都是军籍，每代子孙都要有人出来从军，驻守在各地的哨所。山东由于临海背靠京师的特殊地理位置，设立了很多军事哨所。

但是山东沿海的地理环境很差，当时海啸、台风、海水侵蚀，加上海盗等威胁，沿海的生产能力十分有限。卫所士兵家庭繁衍开来后，当地就承受不了。

于是很多山东士兵的后代选择逃离，他们一般选择逃到当时地广人稀、官府控制比较弱的东北地区。

这样很多山东人就在东北落了户，但是他们还与山东老家保持着联系。他们中很多人较早地投靠了皇太极的军队，不少也混得一官半职。

现在一些后来的人想抢劫自己的老家，他们怎么能不反对？皇太极也觉得现在就抢他们的老家，也不合适。于是决定这趟的重点在北京周边地区。

北京城里还有谁

离上次入关已经两年多了，这期间皇太极一直摆出一副跟明朝和谈的架势，明朝根本就没有理睬。

打仗就是烧钱啊，现在是，过去也是。在冷兵器时代，打仗也是人肉战，不光要牺牲很多士兵，而且要死很多老百姓。

所以过去我们一直讲“师出有名”，其实就是在舆论上压倒对方。让大家都知道我打他是他该打，或者他打我完全没有理由。

崇祯也知道国库早就报警了，哪里还有钱一边打清军，一边斗农民军。不过自己也很为难啊，同农民军谈判那是自家人的事，没有什么可丢脸的。

跟清军谈判，自己将来见了祖宗朱元璋，肯定是没有好气受的。好歹现在农民军就要被剿灭了，终于可以喘口气了。

昨天一个通宵，崇祯终于看完各地报告灾情和缓解灾情的报告，正准备在开会之前，休息一会儿。近侍慌慌张张地报告说，清军又要有新行动，估计是冲着北京来的。

崇祯不说话，沉默了一会儿，忽然转过身说道：

"通知他们提前到宫中开会。"

自从杀了袁崇焕后，崇祯对待自己的下属一般称"他"或者"他们"。对于"先生"的称呼早就不用了。

京城的官员们，接到开会的通知，纷纷赶了过来，临走时很多官员与家人告别很久。这也成了北京的一个奇特现象。

其实也在情理之中，活着去开会，可能就没办法活着回来。

所以一听说开会，北京的很多官员就如上刑场，纷纷与家人生离死别。而开完会能够活着回来，必定要拜神仙，谢谢神仙保佑，毕竟还没有完蛋。不过，也保不准下次开会就会挂掉。

这次忽然通知提前开会，很多官员临走时，都已经交代妻子儿女，留下遗嘱。这绝不是大无畏的革命精神，而是精神高度紧张的结果，完全出于人的本能。

除个别临时派出去公干的，大家都到了。点名时，竟然少了好几个人，一查才知道因为紧张，竟然出现了暂时失聪。

点完名，崇祯出来了，看得出他又一夜没有睡觉。这样大家更紧张了，熬夜后他的脾气更不好。

崇祯这次没有板着脸，嘴角反而露着一丝微笑。见下面很多人由于慌张，衣服穿戴颇有艺术家的风范，要在平时肯定会拿几个人打板子。

今天崇祯倒是差点笑起来，觉得自己戏耍了他们，挺好玩。

官员们绝对没有崇祯这么轻松的心情，崇祯越是不说话，他们心里越是发慌。

崇祯这次倒是显出孩子气的一面，开玩笑地询问众人：

“女真人又要来北京抢东西了，大家有什么好的应对方法吗？”

崇祯一说这事，大家的心便放宽了不少。准备打仗的时候，大家是最安全，打败仗后大家才是最危险的。

大家一致认为清军会从山西过来，因此建议调兵增援山西守备。这样考虑似乎也很有道理，毕竟前两次被后金偷袭，均是在这个方向。

但是清军也曾从河北方向发动进攻，难道明朝的官员都是白痴，没有想到清军会从河北打来。

明朝的京官们多数出身名门，考中进士，常年与皇帝斗，与下属、同事斗，既然存活下来，智商绝对不低，尤其是情商。

大家心里都明白，现在除了山海关，无论哪个方向都没有抵挡清军的实力。既然有人提出来要从山西方向防守，大家就跟着他讲啊。

将来出了问题，最多是从犯。如果大家都这样说，倒霉的是率先提出来的人以及那几个主要负责人，其他人都不会有生命危险。

反正皇帝又不懂军事。

朱元璋自己打下了江山，对于军事还是比较精通的；朱棣起兵抢了侄子的江山，对军事应该是相当了解。

从那以后，养于妇人之手、长在深宫中的明代皇帝们，越来越具备中性美，阳刚之气逐渐淡去。

明武宗曾想振兴明朝边防，这位封自己为领军大元帅，脱掉代表自己身份的龙袍，穿上了铠甲，在今天北京水立方附近原来叫豹房的地方，进行体能训练，同时操练水师。可是他的雄心壮志最终还是抵不过众多官员的为臣之道。

带兵打仗不是皇帝的活，皇帝这个职业要威严、要有派头，是纯脑力劳动，与体力劳动沾边的事情绝对不能做。

最后没有办法，武宗也只有放弃了自己的理想，沉湎于酒色。

从此明代的皇帝们对于军事、经济，只能听智囊的了。胜任皇帝这个职位，只需要学习怎么管理人，就可以了。

所以我们不要过分指责崇祯不懂军事，当时的制度不需要他了解军事。不然，崇祯整天熬夜为什么不自学点儿军事知识呢？

其实这就跟质疑大学生为什么不去做体力工作来解决就业问题一样。

如果让崇祯学习军事知识就可以收拾好明朝那个烂摊子，崇祯肯定不会拒绝学习。

从明武宗以来，皇帝与官员之间积累的不信任，在崇祯上台后，猛然爆发了。仅从崇祯的个人性格找原因，已经不能解释这种不信任的程度了。

崇祯看样子想杀光所有的官员，一个都不能少，显然这个家族已经被逼上了绝境。

过去我们将此归咎于皇帝与官员之间缺乏一种沟通的机制。由于太监的参与，使得皇帝与官员之间产生了一条不可跨过的鸿沟。

于是人们讨厌太监，恨不得将他们全都活活打死；埋怨皇帝，是他们设立的这个制度。

我们一提到明代太监，大家就会想起几个人，魏忠贤、刘瑾等。这可能要归功于香港的影视剧，魏、刘两位公公的曝光率挺高的。

据说李自成进入北京后，将北京城的太监，清点了一下，有 10 万之多，这只能是个传说的数字，与真实数目应当有一定的差距。

就拿 10 万人来说，他们能够祸害国家政治的职位也就那么几个，剩下的多数人，则成为这个制度的牺牲品。

所以我们看到少有富裕人家会送自家子弟做太监的。成功后的魏忠贤、刘瑾这些人哪个曾是家境小康呢？

明英宗时的王振据说家境还可以，至于他为什么从事这个职业，只能说大千世界，无奇不有。允许一些脑子不正常的人干不正常的事，这也是自然规律。

被阉割的生物，也就失去竞争统治地位的权利，动物界是这样，人类也是这样。太监再疯狂，也没有做皇帝的想法，原因很明显，这里就不讲了。

整天生活在一个小圈子里，皇帝经常接触的也就几种人，太监、宫女、卫兵和皇帝的亲戚。所以，在那个时代时常见到皇帝（过去称为“龙颜”）是太监们的专利。

大臣们想要见到皇帝，要么花钱找门路，要么就要站好队才行。

卫兵和皇帝的亲戚与太监们的地位差别很大，与太监们处于同样位置的是宫女。同一阶级容易产生感情，这话一点都不假。

当时北京城的太监与宫女们，自发地进行配对，称为“对食”。只是为了解决感情的空虚和寂寞，绝对没有违反国家法律的意思。

刚开始这一活动还处于秘密状态，后来就半公开化了。有钱有势的太监可以有多个“对食”，这也成为一种身份的象征。

魏忠贤太监的“对食”就是当时同样大名鼎鼎的客氏，明熹宗的奶妈。

崇祯身边的小太监也自发地结成了“对食”，崇祯还经常同小宫女们开玩笑，问她们的“对食”是谁。

红颜祸水、太监误国、昏君亡国的言论，均属于一个类型，将责任推给一个弱势的群体，多少有点不公平，至少明代他们是这个样子。而真正的原因，可能在制度或者思想文化方面。

崇祯，已无人可依

自从袁崇焕死后，皇太极越来越聪明了。围攻大凌河城虽然辛苦，但是还是吃下了。此时的皇太极想问题、办事情，越来越富有哲学眼光，也具有思想性了。

估计这跟范文程等人的帮助分不开，作为一个有前途的领导者，你不能动不动就表达出你的真实想法。

阿济格率领的主攻部队快到长城的时候，皇太极又派多尔衮带兵去骚扰山海关。这样就可以防止明军偷袭清军老巢，或者山海关再派兵增援北京。

已经有抢北京地区的经验了，经过数年的磨砺，皇太极终于明白光靠赌，是不行的。考虑问题要全面，分析问题要客观。

清军根本就没去山西，越过长城后，直接奔北京来了，在今天北京郊区延庆会合。

攻下延庆后，清军随即进入居庸关。

居庸关由一名太监和一位都察院官员把守。太监虽然代表皇帝的意思，但是大家也就是表面怕你，内心八成会很鄙视的。明代都察院的官员级别很低，由于老爱揪别人的小辫子，所以也很不受欢迎。

关键你让这样两个不懂军事的人把守军事要塞，不丢倒是不正常了。

清军进入长城后，崇祯急调大同总兵王朴派兵增援。清军阿济格本来就是很狂的人，自以为打遍中原无敌手。

王朴与清军在居庸关外遭遇，打了阿济格一个措手不及，打死清军1104人，俘虏143人。

阿济格回过神来，决定智取。他让投降的明军装作逃兵进入居庸关，打开了关门。

崇祯九年（1636年）七月七日，清军突然出现在昌平城下。

明代中后叶，鉴于原来“卫所”制度破坏，雇佣兵开始在军队中出现。戚继光、袁崇焕的军队均是以雇佣兵为骨干，这样的体制，让部队战斗力大增。

但是由于大家是同乡，或者同学、朋友，这样很容易造成军队的私人化。由于当时雇佣兵的比例还不是很大，这一威胁还不是主要的。

当时最主要的弊端在于，一支部队中出现了投降、叛逃等现象，容易引起其他部队的连锁反应，如果这两支军队很多人是老乡、朋友的话。

昌平周围的守军来自河北，所以延庆等地的投降，给他们做了很好的“示范”作用。这样昌平在有人接应的情况下，很快也被清军拿下了，总兵巢丕昌投降。

崇祯没有想到所有官员跟自己一样，完全没有判断出清军的进攻路线，也没有想到驻北京附近的军队会这么不堪一击。

再次召开紧急会议，崇祯没有那么好的脸色了。他这个时候多么想有一个人能站起来说：皇上，这件事我来办吧。

这个时候崇祯忽然想起来，那个人已经被自己杀掉了。

现任兵部尚书张凤翼看大家一言不发，知道大家都怕承担责任。保卫都城，是自己职责所在，虽然自己注定死得很难看，但这件事情躲也躲不掉。

张凤翼，代州人（今太原东北 350 里），与孙传庭是老乡。

清军就是来搞破坏、抢劫北京的，早晚是要走的。走后是要有人出来负责的，那人就是你了。

张凤翼勇敢地站了出来，接受了崇祯的“尚方宝剑”。

这是一把什么剑——杀不了别人，却杀得了自己。

张凤翼也知道，等清军走后，自己的下场会很惨。为了减轻痛苦，他天天服用大黄求死。梁廷栋也是采取这个办法。

两人也终于在接受司法调查之前，安乐死去。

阿济格贯彻了皇太极的方针，这次来北京，重在抢东西，破坏明朝的生产。不要计较一个城市的得失，抢到东西就是胜利。

到了九月初，阿济格已经在北京周边地区迅速成为暴发户，既然任务已经完成，也就没必要再待下去了，况且这里很危险。

九月一日，阿济格满载着一车车的战利品，扬长而去。为了感谢明朝官员的“慷慨馈赠”，临走时做了个“各官免送”的牌子送给了明朝官员。

长城的用处

皇太极已经越过长城三次了，每次都是那么轻松、愉快。可以抢到很多东西，当然愉快了。于是很多人就认为长城是个“烧钱”工程，白花钱、瞎忙活。

长城最早修于春秋战国时期，赵国（河北）、燕国（北京）、秦国（陕西）等这些与匈奴接壤的诸侯国，为了防御匈奴的骑兵，在边界修了一堵墙。

秦始皇统一六国后，将北部几国的高墙连了起来。因为当时有蒙恬、蒙毅这样的大将在，秦朝收复了河套地区，长城的军事作用没有什么人质疑。

至于后来的孟姜女哭长城这个故事，是否属实不知道，哭倒长城的事儿肯定不存在，当时偷工减料不可能存在。

因为修长城的包工头都是要备案的，出了问题是要连坐的。陈胜、吴广的例子就可以看出，包工头陈胜、吴广和工人们误了时间，都要受到处罚的。不是罚工钱，是杀头。

主抓工程的官员则更惨，如果出现了工程质量问题，不单他自己乌纱不保，就是他的家属、亲戚也要跟着受罪。

即使不杀你，也要把你一家人送到广州、吉林、桂林这些地方去开发。当时的广州可不比现在。当时人称那里为“烟瘴之地”，不但人烟稀少、湿气太重，而且疾病流行。

那时也没有火车、飞机，你得走着去，这两千多里路，一般人没有走到就一命呜呼了。

朝廷有时候想惩治哪个不听话的官员，就先把他流放到江西，然后再赶到广州，最后抛向海南岛。

这一路下去，中华民族多了几首精彩的诗章，少了几位伟大的诗人。

谁会拿自己的脑袋开玩笑呢，因此当时的工程质量绝对没问题。

到了汉初，长城就不管用了，刘邦差点被匈奴给活捉了。痛定思痛，刘邦决定跟匈奴和谈。

朝廷每年拿出一些钱来，匈奴拿了钱之后，就不能再骚扰中原了，也就是花钱买个平安。

花钱只能买一时的平安，汉朝又想了个损招，将中原的公主嫁到匈奴，那么将来匈奴的大汗，就是汉朝的外甥了。外甥应该不会打舅舅吧。

这是孔子的想法，匈奴人不信孔圣人，因此外甥没有对舅舅客气。

等舅舅有钱有势了，也没有对外甥手软。汉武帝追着外甥打，一直追到今天蒙古，毁了匈奴的贺兰山老巢。

这个时候长城已经修到甘肃、宁夏地区，但还是挡不住北方游牧民族的骚扰。

汉朝衰弱后，匈奴一遇到饥荒，就南下抢劫。小荒小抢，大荒大抢。

没有办法，还是花钱、“和亲”，保平安。而王昭君也不幸被选送，致使皇帝以及后来的无数文人骚客，还有广大劳动人民惋惜不已。

后来的唐、宋、明基本沿用这种做法，一边修高墙，一边使钱。只是不能再送“公主”了，这样太没面子了。

这期间也有时间段，中原政府没有这个烦恼，就是蒙古人自己做了中原的皇帝。

这样就给人一种感觉，每当朝廷强大的时候，北面边境就没有事情。一旦衰弱的时候，长城根本挡不住游牧民族的骑兵。

好像修长城没什么作用，特别是康熙说了，我们靠实力，不靠长城保卫边境安宁。之后，大家更对修长城反感极了，孟姜女哭长城这种没影的事儿，说得神乎其神，争相传颂。

孟姜女成为反抗朝廷“扰民工程”的英雄，长城也只剩下旅游的价值了。

明代的长城修得那么坚固，可以说基本上没有什么漏洞，但是皇太极的军队，只要想来北京，就没有问题。

这样看起来长城好像没有什么作用。实力的强弱跟边防安全有着必然的联系，但是长城真的没有什么作用吗？

试想一下，如果没有长城，怎么防守偌大一个北部边境？当时没有现代的通信设备，即使中原人口再多，也没有办法每地都设岗。

在抗日战争时期，喜峰口战役刚开始，抗日军队正是依靠着长城坚固的墙体掩护，使得日军一再受挫。在现代兵器时代，长城依然发挥那么大作用，怎么能完全否定它在冷兵器时代的作用呢？

山海关一道防线，皇太极努力了一辈子也没有从正门走过。若不是吴三桂打开关门，清军不知还得在关外徘徊多久。

至于康熙为什么说我们不需要长城，也能保卫边疆的安全，大家都知道北方就是他们和蒙古部。现在他们得了天下，当然不用修长城了。

长城很像黄河，你明知道即使加固河堤，黄河还是有可能决堤，但是不能因为存在这种可能，就放弃加固河堤。而认为河堤根本没有作用的说法，显然站不住脚。

这是当时社会环境决定的，当时的人还没有能力把黄河弄得断流。大禹如果活到现在，一定自惭形秽，为什么？自己折腾来折腾去，以疏导为

主、堵截为辅的伟大治河思想，还是无法阻止黄河泛滥。让黄河断流，不就没有事情了吗？

不管长城作用大还是小，皇太极是认准一个死理：只要家里没有存粮了，就得南下一趟。只要不从山海关过，绕点路，就能抢到好多东西。

挺值得的！

一边被打劫，一边被忽悠

上次在北京抢了一次，皇太极还觉得不过瘾，为什么呢？尚可喜几个在山东干过的将领，老说山东运河地区多好多好的，弄得大家心里都痒痒的。这次皇太极顾不得那么多了，决定对山东下手。

河北和北京这些地方是富有，但是已经被抢了好几次了，再去估计收成就不行了。

此时距离皇太极上次派兵抢劫北京周边，已经过了两年。这两年崇祯也长大了不少，已经 28 岁了，坐上皇帝这把椅子已经 12 个年头了。

这个时候的崇祯已经学会检讨自己。连年大旱，闹土匪，崇祯觉得可能是自己错了，对官员们太狠了，搜刮百姓触犯了上天。

崇祯这几天天天往祖庙跑，每次都要望着朱元璋的牌位，凝视许久。

先祖朱元璋筚路蓝缕，从一个和尚变成了皇帝，容易吗？这份祖业怎么也不能在自己手中丢掉。

有时候崇祯会想起，朱元璋利用剥皮之法，惩治官员贪污。

将犯人的天灵盖开个口子，然后灌水银。由于水银比较重，人的皮肤就会一点一点地坠开。而水银的腐蚀性会让受刑之人，奇痒难忍，可是又被绑得结结实实，只有选择忍受了。

这还没有完，受刑死后的人，朱元璋还会把他们做成标本，放在官员的办公室，说是可以起到警示作用。

如果你办公的地方，有个死人陪着你，你还知道他是贪污受贿死的，有人送礼你还敢要吗？

崇祯受过高等教育，虽然敬仰先人朱元璋，但还是觉得这样对待大臣不文明，也比较浪费。

毕竟国家的水银资源有限，但是人力资源丰富啊。廷杖比较好，不花钱，还可以挽救本人，教育大家。

此时明朝的兵部尚书为杨嗣昌。他的父亲就是“以和为贵”、招抚农民军的杨鹤。杨鹤被逮捕的时候，杨嗣昌正在山海关工作。

杨嗣昌给父亲求情。崇祯碍于他的薄面，没有杀掉杨鹤，而是判他无期，贬他到江西作诗去了。

杨鹤老先生本来就是一书生，身体素质比较差，加上心情郁闷，没几年就死在了江西。

按照当时的规矩，杨嗣昌要守孝 3 年。但是如果国家需要，皇帝特批，可以“夺情”，就是不用守 3 年，可以几天或者 49 天，甚至不守。

杨嗣昌绝对不是袁崇焕，一听到“国家需要”，就立即敬礼领命。杨嗣昌对官场游戏规则理解力很强，对于怎么抬高自己、打压对手那一套相当熟练。

杨嗣昌觉得现在朝廷中这些人，钻营的水平还行，治国安邦的能力就差点了。洪承畴还行，只是他困在陕西，脱不了身。

主持朝廷大局的责任，杨嗣昌觉得除了自己应该没有其他人能承担了。

果然崇祯九年，清军抢劫北京郊区，张凤翼自杀了。

这个时候，崇祯和朝廷的官员们，一起想起了一个人，那就是杨嗣昌。

杨嗣昌遗传了杨鹤能说的基因。杨鹤当年就是什么气啊、和啊，把满朝文武以及崇祯说到只有佩服的份儿。

为什么呢？大多数人，都不怎么理解啊！皇帝说好，谁还敢说不好。

崇祯派自己的私家侦探——锦衣卫，找到正在家读书的杨嗣昌。

锦衣卫说明来历，不是抓先生您的，是皇上要请您出山。

杨嗣昌说自己在守孝，这样不合礼法，不太好。

过了几天锦衣卫又来了，说皇帝真是很想让您出马。

杨嗣昌还是拒绝了。

崇祯这时明白了，杨嗣昌在跟自己玩心眼。其实一直在算皇上什么时候来请，但是还要装一下。

这是“夺情”的惯例，同时还可以表明这个人的身份。只是苦了锦衣卫的兄弟们。

崇祯又让锦衣卫跑了两次，到第四次时，杨嗣昌已经走在去北京的大道上了。

杨嗣昌见了崇祯后，便提出“剿灭”农民军的三条战略方针：攘外必先安内，足食方能足兵，保民才可荡寇。

接着杨嗣昌把这样做的原因和好处说了一通，崇祯听得一愣一愣的，高兴地拍着杨的肩膀说，真后悔没有早点任用先生。

这下兵部尚书的职位非杨嗣昌莫属了。

杨嗣昌绝对是有两把刷子的，他上任后采取“铁桶战术”，希望把农民军围在一起，一窝端掉。

杨嗣昌实行这个计划的同时，也不忘收拾洪承畴，因为他认为老爹杨鹤的死，跟洪承畴有关。

杨嗣昌绝对不会像满桂、袁崇焕他们一样，报仇喊在嘴边，放在桌面上。他决定以工作之名，除掉洪承畴。

杨提出3个月消灭农民军的计划，作为三边总督的洪承畴，只好照办。

好在洪承畴也有两下子，而且很厉害，终于暂时把李自成打得还剩下十几个人，逃入深山，生死不明。

现在清军又来了，杨嗣昌认为应该同皇太极讲和。

杨嗣昌又搬出他爹的那一套，什么气啊、养啊的，崇祯读书也不多，看到为自己搞定农民军的人这么说，也只有听的份儿。

但是崇祯以前很反感同皇太极这个“叛乱者”谈判。

杨嗣昌便滔滔不绝地讲了自汉朝到明代，与北部民族和谈，是中原王朝的一贯做法。这样一点也不丢脸，何况等以后国家强盛了，还可以再打回来。

面子固然重要，但是江山社稷更重要啊！

崇祯以前很少听说这么新颖的观点，以前没有人敢这样劝他啊。杨嗣昌忽悠领导的本领，绝对胜过他老爹。

杨嗣昌可以忽悠崇祯，官员们就未必愿意和谈了。和谈后一般要处理一些主战的官员，至少要降职留用吧。

再者，清军是来做什么的，抢劫啊。和谈了，自己家被抢的东西谁负责啊?

十月初，清军来到北京城外。

崇祯决定让卢象升出马，担任总督天下兵马的重任。当时卢象升的父亲也是刚死，接到崇祯的命令，穿着麻布衣服和草鞋就过去了。

卢象升，江苏宜兴人，力大无比，练功的刀重达几十公斤。治军很有一套，在与农民军的较量中，一直无法施展才干。

卢象升就很不同意杨嗣昌的观点，特别是他那种自以为是的作风。

因此崇祯向卢象升询问退敌的方法时，卢象升想刺激一番崇祯，便回答：

“陛下命臣督师，臣知有战而已。”

意思是说，接到皇上您的任命，我只知道打仗，不知道别的。摆明刺激崇祯，说他一直想和谈。

崇祯立马变了脸色，许久没有说话，过了好大一会儿，才很不高兴地说道：

“朝廷从来没有说过要和谈，这都是外面一些人的议论罢了。”

卢象升看崇祯变了脸色，急忙向他解释为什么不能和谈，并且深入分析现在朝廷的困境。

卢象升忽悠领导的能力不如杨嗣昌，但是事实摆在眼前。崇祯又是个极要面子的人，经他一刺激，崇祯肯定不会和谈了。

两人谈完，崇祯让卢象升找杨嗣昌商量具体的事宜。

杨嗣昌觉得明朝现在只有两个能人——洪承畴和自己，至于卢象升，他压根不放在眼里。

这样两个人还商量个啥，当然没有结果。

一气之下，卢象升回到自己的驻地昌平。

这让杨嗣昌笑歪了嘴，因为昌平监军太监高起潜跟自己交情不错。

回到昌平后，卢象升从军队挑选出一些人组成敢死队，准备夜袭清军大营。

卢与敢死队约法三章：

“刀必带血，人必带伤，马必喘汗，违者斩。”

高起潜听说这件事情后，写了一封信讽刺卢：

我只听说“雪夜下蔡州”的典故，还没有听说“月夜”的典故。

所谓强龙难压地头蛇，卢象升这个大总督到了地方也只有受气的份儿。

卢本来想挑一些单兵作战能力比较强的人，结果却弄来不少老兵，卢只好认了。但是晚上偷袭清军大本营，竟然中了埋伏。

卢怀疑是高起潜捣的鬼，但是没有任何证明，只好先记下这笔账了。

卢象升考虑如果自己没有实际兵权，就没有办法开展工作。于是提出与杨嗣昌、高起潜分兵统辖。

毕竟是老实人，太实在了。只想着国家，心里装着皇帝，没有任何个人想法。

杨嗣昌是兵部尚书，你想跟他分兵权？洪承畴没被他整死，是因为国家打仗还需要洪承畴。

杨嗣昌听到卢象升要分兵权的建议后，本来笑歪的嘴又笑正了。

杨嗣昌将山西防线的两万军队交给卢象升，而山海关和宁远这些精锐部队留给自己。

卢象升气得鼻子都快歪了，但是好歹自己手里有兵了。

来到军中才发现，这帮军官们根本不拿自己当领导，办事拖拖拉拉，士兵就更不认识自己了。

卢象升正在郁闷时，杨嗣昌来到自己军中，只见官兵对他毕恭毕敬，兵部尚书就是不一样。

卢象升是气不打一处来，指着杨嗣昌的鼻子骂道：

“整天就知道和谈，难道你不知道‘城下之盟’很丢人吗？仗着自己有一张好嘴，胡乱忽悠，我看了，你早晚跟袁崇焕一样的下场。”

杨嗣昌被骂得脸都红了，思维出现了混乱：

“你以为你有尚方宝剑，就很了不起吗？”

卢象升不紧不慢地回答道：

“我既不能给父亲奔丧，也不能同清军交战，我能有什么能耐。哪像你，一边打仗，一边还可以同清军和谈，能耐大得很啊！”

杨嗣昌此时脑子短路，竟然哑口无言，脖子脸蛋一红一红的。

崇祯听说这两个老小孩在军中吵了起来，严厉地批评了他们两个，同时告诫他们要精诚合作。

崇祯的面子谁也不敢不给，两人约在安定门商谈了一次。

两个人已经卯上了，结果不欢而散。

既然两个主要负责人，还在为是打是和争论不休，其他人更没有什么心思抵抗。大家都在选择队伍，站错队伍后果很严重的，不单丢官，性命也堪忧啊。

只有像孙承宗这样的，虽然被辞退，但是仍然率领家人抵抗，拼尽最后一滴血。

这样清军在河北真的是无敌了，因为明军大部分都在观望，都在等待着。

剩下的明将不全窝囊

卢象升确实是个实在人，他提出主动出击，与清军死磕，消耗清军有生力量的建议。

杨嗣昌看他已经有了杀身成仁的准备，就借机把他的一万兵马分给了陈新甲。

卢象升算是明白了，现在做件事情太难了。

他已经做好了为国捐躯的准备，于是他带领手下的一万军队进驻保定，然后出击清军。

两军互有胜负。

士兵们看卢帅是要杀身成仁，有一些家里有老婆、还想着发财的士兵

就逃走了。这样卢象升的军队还剩下5000人。

剩下的绝对是精英，但是卢军已经没有了吃的，只剩下有水喝了。

这正是杀身成仁的好机会，卢象升觉得背水一战的时刻到了。

实在人在面对国家利益时，绝对会忘记个人恩怨；“聪明”人则恰恰相反。

此时高起潜正带着山海关、宁远的精锐部队，驻扎在距卢军25公里的地方。

卢象升派人向高起潜要吃的，回答当然是否定的。

卢象升向高起潜提出向清军发动突然进攻，卢军作为尖刀，作为诱饵，高起潜可以坐收战功。

卢军将士已经抱定必死的信心，肯定杀伤清军锐气，并且吸引清军包围他们。如果高军能实施反包围，清军一定得不到什么便宜。

高起潜是不肯冒这个危险的，与清军死磕，丢脑袋的概率还是蛮大的。

卢象升对于高起潜的沉默，也是早有心理准备。他决定为国捐躯了。

这天晚上卢象升给妻子写了封信，他希望妻子能够带领家人远离闹市的喧哗，做个寻常百姓。

他还想给崇祯写份报告，告杨嗣昌、高起潜一状。但是他又觉得大家都是十年寒窗熬出来的，面对死亡、面对高位，谁又是圣人呢？

卢象升叫上几个卫兵，他想到周围村子找些吃的。只见尸骨遍野、残垣断壁，卢象升也迷茫了，不知道这到底是谁的错。

清军，那是自然。杨嗣昌、高起潜他们呢？还有伟大英明的崇祯呢？

卢象升不敢再想下去了。既然找不到吃的，他吩咐大家早点回去睡觉。

第二天一早，天刚蒙蒙亮，卢象升把队伍集合在村口。卢象升在队伍前面走了一圈，大家谁也没有动，但是人人都知道自己要去做什么。

卢象升忽然侧过身，向官兵们鞠躬，同时悲怆地大喊：

“我们都吃着国家的俸禄，现在是时候报效祖国了。大家不要怯场！”

官兵这个时候连忙还礼，很多人眼角挂满了泪痕，有人失声痛哭起来。

男儿有泪不轻弹，只因未到伤心处。

饿着肚子，去跟敌人拼命。而兄弟部队在旁边看笑话。

但这绝不是委屈的泪水，也不是伤心的泪水，是好男儿精忠报国的决心之泪，也有可能是对父母、妻子的愧疚之泪。

在蕖水桥遇到清军，卢军发疯似的冲了过去。

清军吓了一跳，以为遇到鬼了。仔细一看，是明军。真是怪事，难道明军吃了兴奋剂不成?

清军被猛然一冲，损失不少人。但毕竟人多，关键没有饿着肚子。士气可以不靠花钱就提起来，但是肚子不吃饭，干起打仗这样的体力活，时间一长就不行了。

很快卢军被包围起来，而且是被包了三层。

卢军一点也没有出现崩盘的迹象，这就是他们想要的。杀一个清军够本儿，杀两个清军就赚了一个。

清军增援部队纷纷赶到，而高起潜则是按兵不动，严密注视清军的动向，或者说是卢象升的杀身成仁过程。

清军将卢军包围后，也很担心高起潜的部队赶来增援。于是清军便组织小队骑兵，不间歇地冲击卢军。

卢军现在不单没有吃的、喝的，就连晚上休息的机会也没有了。卢军都在等待着一个时刻的到来，所以清军的伤亡很大。

关键卢军依托崎岖、临水的有利地形，极大限制了清军骑兵优势的发挥。

这样一直杀到深夜，清军害怕其他明军偷袭，便暂时停止进攻。

这时卢军最难过的时刻到来了。白天已经杀红了眼，根本没有时间考虑其他的事情。现在夜晚来临了，看到周围躺满了昨天还跟自己开玩笑的战友，有人竟然失声哭了起来。

卢象升视察营房时，看到几个年轻士兵在偷偷地哭。要在平时他肯定会大骂他们一通，现在他的鼻子反倒有些堵塞了。

想想自己十几岁的时候，正在家中读书，亲人呵护，衣食无忧，前面一条光明的大道。现在这些十几岁的孩子，他们却要远离家乡，把命送给经常不发饷银的朝廷。

卢象升很想过去安慰他们，但一想自己过去，他们肯定会止住哭声。

卢象升觉得就让他们痛快地哭出声音吧。

卢象升回到自己营房中很快就睡着了，毕竟太累了。

天一亮，清军准时地发动攻击。鉴于其他明军一直按兵不动，这次清军发动集团冲锋。

包围圈越来越小了，清军士兵离卢象升只有十几米远，已经在弓箭手的射击范围内了。副官请求卢象升脱下自己的衣服，换上士兵的，进行突围。

卢象升似乎没有听到，提起将刀，便向清军冲去。很快数个清军士兵倒下了，卢象升冲到哪里，清军便倒在哪里。

清军立马调来神箭手，卢象升身中四箭，刀也砍坏了。卢象升只好徒手与清军相搏，又有十几个清军士兵倒下了。

此时的卢象升已经没有多余的力气了，英雄最终也倒下了，年仅 39 岁。

皇太极在后方听说卢象升的事迹后，更加坚定了一步一步灭明的想法。

而高起潜听说卢象升殉国后，拔腿就跑。由于太慌张跑错了路线，遭到清军埋伏。很可惜的是，明军大败，高起潜却全身而退。

清军乘胜抢劫了河北南部的广大地区，抢得差不多后，多尔衮按预定计划，向山东进发。

大明皇室另类多

多尔衮带着清兵到山东时，洪承畴虽然升任了蓟辽总督，但是他却任由多尔衮在山东瞎闹，一直看着他们抢够了离开。

后来洪承畴在松山的表现，可以看出他根本不会怕多尔衮，也不用怕他。洪承畴很聪明，他知道山东这个地方比较敏感。

这得怪朱元璋，是他把山东、河南、山西等他认为比较重要的地方，划给自己的儿子管辖。没办法，朱元璋觉得除了跟自己一起要饭的几个人，其他官员都不可靠。

打虎亲兄弟，上阵父子兵，绝对是真理。

朱元璋希望朱姓兄弟齐心，守住朱家的天下。但是为了防止出现兄弟相争的现象，他规定这些分到各地的藩王及其后代，不能参加科举，也就是不能进入仕途做官。

但是他们享受国家全包的待遇，无论吃饭、住房、结婚。辖区的土地收益和商业税收，也归这些朱姓子孙。

但是有一点很明确，他们不准参与地方政权建设，建议也不可以。

刚一开始，藩王还掌握一定的武装，不然朱棣也不会夺了侄子的交椅。做了皇帝的朱棣，自然很重视削弱各地藩王的军事实力。

即使这样，他们作为皇帝的亲戚，地方官员没有权力管他们的事儿。他们犯法了也是皇帝家的事儿，外人不要插手。

而各地的亲王们往往富甲一方，对于皇帝家的有钱亲戚，即使遇到再大的灾荒，他们也不会饿肚子。

优越的生活条件，使得很多朱姓子孙沉迷酒色，但是也出现了一批伟大的艺术家、科学家。所以有时候，真的有点怀疑“逆境出人才”这句俗语。

植物学家朱橚

朱橚是朱元璋的第五个儿子，大约生于元至正二十年（1360 年），那个时候朱元璋还在忙着打仗，只能记得大概的日子，卒于明洪熙元年（1425 年）。朱棣的亲弟弟，工作地点河南开封，明代著名的植物学家和药剂师。

这个朱橚有个特点，恋家，本来在开封繁华的都市里待着多好，但是人家就是要回老家安徽凤阳。有这份孝心挺好的，但是他父亲很生气。

没办法，老爹千叮万嘱地说，不准离开；他非要跑出去，最后朱元璋一气之下要把他弄到云南去受苦。

毕竟是自己的骨肉，朱元璋把他弄到南京教育了一段时间，后来又让他回去了。也该他倒霉，哥哥朱棣造反，建文皇帝就把他给抓了。这次真弄到了云南，由鼎鼎大名的反清复明的沐王府看管。

哥哥朱棣夺了皇位后，他又恢复了职务和待遇，并且涨了俸禄。

朱橚勤奋好学，喜欢读书，诗词歌赋样样精通，还有一手漂亮的毛笔字。

曾经根据元朝宫中新闻，写了《元宫词》一百章。

朱橚回到开封便组织一个歌舞班到都城感谢哥哥，还献上了传说的昭示吉祥的动物驺虞。这种动物据说是猫科动物猎豹的变异个体。

年轻的时候朱橚就对医学很感兴趣，刚到开封就组织一批学者编撰两卷《保生余录》。流放到云南后，他也没有放下自己的爱好和信仰。他命随行陪伴的名医李佰等人编写了《袖珍方》，收集整理了3000多个方子，很多属于他们自创。

这种原创性的工作，使得这本医书在明代就被翻刻了10多次，成为医生们必备的工具书。

由于该书简单实用，很快在当地推广开来。这样云南边远地区在没有朝廷拨款的情况下，医疗卫生条件得到很大的改善。

洪武二十四年（1391年）底，朱元璋结束了对朱橚的批评教育。一回到开封，朱橚就着手于药剂学巨著《普剂方》的编著工作。

为了做好这本书，朱橚花重金收拢了一批专家、学者，如刘醇、滕硕、李恒、瞿佑等，由他们组成了一个研发小组。同时聘请了一些制图设计方面比较出色的人才，还有其他各色辅助人员。这样一个当时世界上顶级编书团队就形成了。

在父亲和哥哥的支持下，大约在永乐十年（1412年），朱橚他们完成了这部著作。该书不光分了内科、外科、妇科、儿科等，关键还保存了很多明代以前失传的药方。

这样一收入，再一出版，大家都可以看到了，十分有利于医学的交流和传承。

朱橚爱书，同时也为了编书，他收集了很多图书，所以开封周王府的藏书量一直位于各王府之首。

朱橚对于植物学也颇有研究，为此他专门建立了一个植物园。每当他从各地发现各种野生可食植物，便带回园中，进行观察试验。

同时，朱橚坎坷的经历，以及目睹劳动人民的惨状后，决定写一本专门记载野生可食植物的著作。

为了能让劳动人民看懂，书中尽量使用通俗形象的语言，并且配有大量的插图。由于研究经费充足，配备一个顶级科研场地，这本书不光实用价值很高，学术地位也非同一般。它引领了学术界对于野生食用植物的研究，形成了一个研究野生可食植物的学派。李时珍的《本草纲目》和徐光启的《农政全书》都全文收载此书。

17 世纪初，这本书传到了日本，立刻风靡日本全岛。传入韩国的时间比这还要早，所以大家花钱去吃日本寿司、韩国泡菜，在感觉好吃之时，就不要敬仰他们了。

音乐学家朱权

朱权在靖难之役中支持朱棣，但是皇帝这个职位只能有一个。朱棣害怕朱权将来像自己一样，因此极力打压他。

本来朱权拥立朱棣功劳大大的，但是却被朱棣和他的儿子们弄到南昌。明代南昌生存环境比较恶劣。政治上郁郁不得志的朱权，到了南昌后，一心扑在祖国的文化事业上。

不管是保护自己，还是出于对于中国传统文化的热爱，朱权在很多方面作出了卓越的贡献。可惜当时没有评比院士，不然绝对可以获得提名。

朱元璋虽然以前做过专业的和尚，但是他对道教也比较感兴趣。他的爱好在子孙中得到很好的遗传，遗传最多的便是朱厚熜，也就是嘉靖皇帝。

朱权从小就酷爱道家书籍。他到南昌后，就拜江西龙虎山天师府的第四十三代天师张宇初为师。作为虔诚的道教弟子，朱权不断拿出大笔资金修建道观，而且撰写了《天皇至道太清玉册》等多本专著。

在同诸位道友的学习中，朱权对于风水、占卜等研究已经达到了一定的境界。为了能让自己在死后不要再受这么大的委屈，朱权决定为自己找一个好的安息地。

最终选址定在南极长生宫的后面，看样子朱权是想长生不老。要是真活到嘉靖上台后，说不定祖孙两人还能碰撞出火花。

朱权对于古琴也很有研究，一生编著了《神奇秘谱》《太古遗音》和《琴阮启蒙》。

朱权还是一个制琴高手，明代的宁、衡、益、潞四位亲王都爱好古琴。他们所制作的古琴通称为明代四王琴。

朱权制造的“中和琴”，首创“飞瀑连珠”琴式。朱权琴也位列四王琴之首，称为明代第一琴。目前传世的朱权琴，仅存一张，上有执琴人署名“云庵道人”，这是朱权的别号。

1977 年，美国发射的寻找外星人的宇宙飞船，曾选用中国古琴曲《流水》，演奏所用琴就是朱权留下的那张。

朱权还是一个高产的诗人和剧作家，同时对于植物学、茶道均有一定的研究。

音乐家朱载堉

朱载堉生于嘉靖十五年（1536 年），卒于万历三十七年（1609 年）。我国古代著名的乐律学家、音乐家、乐器制造家、舞学家、物理学家、数学家、天文历法学家、雕刻家，享有世界文化名人、“东方文艺复兴式的圣人”“百科全书式的科学家”等美誉。

他的父亲朱厚烷也是个古典音乐的爱好者、精通者，因为为人比较实在，劝说嘉靖皇帝不要相信道教，被关进了监狱，这一年朱载堉才 15 岁。为了表达自己的不满，朱载堉在自己的别墅旁搭了一个草棚，弄个草席，一睡就是十几年。

朱载堉的“非暴力不合作”没有取得成功，但是这十几年他专心搞科研，完成了人生最重要的发明创造。他提出七声音阶，把八度分成十二个半音以及变调的方法。

他还修订了明代的历法，推出较为精确的圆周率，同时积极献身于音乐的推广事业。

朱载堉作为嫡长子本来可以继承王位的，但是为了自己热爱的音乐文化事业，他毅然决然地放弃了王位，做了一名普普通通的文化人。

朱载堉作出了如此大的贡献，但是从明代到今天，很少人知道这位伟大的音乐家。对于李时珍、徐霞客、徐光启大家可能耳熟能详，但是对于朱载堉却知之甚少。

这是生在皇室的朱载堉的悲哀吗?

第十章　松山、锦州，洪承畴

谁来对付皇太极

皇太极抢劫河北、山东后，又消停了两年。这两年中皇太极一直在思索，关键是范文程等智囊们在思考，老这样跟土匪似的抢东西，说出去不好听。关键是每次都要绕老远的路，这期间还要提心吊胆的，害怕东北的明军抄了沈阳老家。

清军再次骚扰北京，也把崇祯惹怒了。

这次两家想到一块去了，都想重创对方，洪承畴出来了。

卢象升牺牲后，杨嗣昌成为大家出气的筒子。崇祯抵不住舆论的压力，只好让杨嗣昌老先生先回家休息。

杨嗣昌临走时，向崇祯推荐了洪承畴，认为他可以替崇祯解忧。

崇祯对杨嗣昌佩服不已，却没有想到，这是杨嗣昌报复洪承畴的阴招。

洪承畴聪明至极，不会不明白这个道理。

本来农民军已经灭了几年了，但是每次崇祯写信暗示洪承畴回京，洪承畴总是装作看不懂。

这次清军骚扰北京，西北围剿农民军的诸位将军，都被调回来了。崇祯觉得该解决东北问题了。

这下洪承畴没辙了，崇祯点名要你保卫北京，你能不去吗?

洪承畴的功名绝对不是买的，他接到崇祯的命令后，立马出发。但是在路上却故意放慢脚步，他希望自己还没有到北京，清军就已经走了。按照以往的经验，清军抢到东西就会迅速离开。

洪承畴一直走到北京才发现，西北的主要军官就剩下自己没到了。此时清军已经跑到山东了，洪承畴以为崇祯一定会让他们赶去山东截击清兵。

作为最后一个来到的人，洪承畴决定自告奋勇，带领士兵到山东将功补过。

见到崇祯，洪承畴有些不敢相信：几年不见，崇祯明显地老了，原来年轻的额头上爬上了不和谐的皱纹。

洪承畴本来以为会领自己到殿上开会，谁知竟把自己领到了崇祯的休息室。

看到洪承畴来了，崇祯站了起来，扶洪承畴坐下。内侍过来倒茶，被崇祯制止了——原来他要亲自斟茶。

洪承畴含泪微颤，感动吗？这极可能是装的。害怕倒是真的，洪承畴明白自己这次又领了个不可能完成的任务。

斟满一杯茶，崇祯端了起来，洪承畴急忙跪下谢恩。

崇祯发话了：诸军平定乱民，劳苦功高，本来应该让你们好好休息，但是现在清军不停地南下寻衅。

洪承畴立马说道，让我带领士兵到山东与清军决战吧。

洪承畴明白清军到山东也就是待两天，捡捡东西就会走的。他显然又在岔开崇祯的话题。

崇祯这次没有给洪承畴机会，他轻轻地说了句，蓟辽总督死了。

洪承畴最担心的事情还是发生了。官场上的人都明白，当私下对你说某个位置空缺了，那就是想让你顶上。

与洪承畴同样不想做官的，还有孙传庭——那位在与农民军的斗争中同样立下不小功劳的人物。

现在他们都明白北京周围以及东北的职位，很多人都要鞠躬尽瘁的。要么累死，要么死于清军之手，更多的死在崇祯的手上。

洪承畴没有那么大的胆子去放弃对自由和生命的追求。孙传庭倒是很猛，跟皇帝说，我身体不好，没办法胜任保定总督这个位置。

崇祯觉得这太没有面子了，他决定要孙传庭好看。他派人到孙传庭的家中查看，结果孙传庭果然有一只耳朵失去听力了。

一只耳朵没有听力，还有另外一只嘛。崇祯觉得孙传庭是故意辞官。锦衣卫很快把孙传庭请到了监狱。

在这里孙传庭要度过两年艰苦的岁月。他之所以要待这么久，就是他一直没有想明白一个问题：做官跟出来混一样，没有人身自由。

等孙传庭想明白了，恰巧国家又出现危机时，也正是他东山再起时。

虽然洪承畴有一百个不愿意，但是他却没有一个敢不接受这个职务的胆子。一来他还是爱国的，在这种大是大非上不能犯糊涂；二来，他对孙传庭的遭遇心有余悸。

洪承畴担任蓟辽总督后，清军还留恋在山东的打家劫舍中。

洪承畴很有耐心，既不发兵追赶，也不开会研究这事儿，最后清军“打劫”完毕，自己撤回了东北。

上任后的近两年中，洪承畴还是这个作风，一直待在关内的总督府内，好像山海关外的事情跟他没有关系。

是洪承畴不作为吗？

答案是肯定的，他就是不作为。

这其中的道理和汉朝初期的一个丞相很像，这个人叫曹参，他做丞相的时候什么都不干，就是和大臣们喝酒，国家大事他也依照大事化小、小事化了的方式处理，最终得到很高的评价。

依洪承畴的学识，肯定知道曹参这段故事，以及他不作为的原因。当时的明朝就需要这样的不作为，特别是在东北这块土地上。

想想崇祯之前的东北，明朝还占据绝对优势。崇祯上台之后，东搞一下，西搞一下，越搞越乱。再经过一批又一批大臣折腾之后，现在东北可以供明军立足的地方只有眼下这几个据点了。

洪承畴是个聪明人，他看穿了这一点，所以对于目前的东北，什么都不做，比什么都做来得更有价值。

目前的东北，只要能守住，就是胜利，这时候还想着消灭皇太极的人，不是疯子就是傻瓜！

解决东北问题，必须从长计议。

有时候手下人都看得明明白白，但是却遇上一个看不明白的领导，或者遇上一个没有耐性的领导，这就很倒霉。而洪承畴更倒霉的是除了这个领导之外，还有一群整天以挑别人毛病为工作的低级文官在不断找事儿。

相信如果再给洪承畴几年时间，他肯定要在东北有所动作；如果他能按照自己的节奏去做，或许能改变东北的战局；如果能允许他按兵不动，或许东北依然属于明朝……

如果太多，就成了人们的一厢情愿。洪承畴没有如果的权利。而有这个权利的两个人，都不喜欢上面的如果。皇太极、崇祯都不愿意等待，他们希望尽快解决眼下的问题。一场解决东北问题的决战迫在眉睫！

找个“托儿”，造个势

此时，清军虽然拥有了一定数量的大炮，但是对攻打锦州这样的大城市，他们还是有点清醒的认识。

皇太极知道清军的优势在野战，明军优势在依靠大炮固守城池。通过在大凌河城的试验，皇太极认为目前对付明军的办法，就是围城打援，进而长期围困明军，迫使明军从内部瓦解。

但是皇太极明白大凌河城充其量就是个县城，锦州明军则经营多年，是个省城，是大城市。要想把锦州围得没有吃的东西，至少也要两三年。

围这么大一个城市要很多兵的，粮食需求也会很大。关键锦州距离沈阳比较远，在过去没有现代化的交通工具，运输粮食比较困难。如果搞不好，被饿死的不是对方，而是自己的士兵。

皇太极召开会议讨论，官员们分成了两派。代善、莽古尔泰等年龄比较大的，认为应该“老老实实”在东北待着，没有吃的再进关去抢，这代表的是努尔哈赤时代的想法。岳托、阿济格等年轻人，则认为应该杀到北京，夺了皇位，这代表的是皇太极时代的想法。

皇太极想这是哪儿跟哪儿啊，本来要你们讨论进攻锦州的事，你们竟然思维发散成这样，把问题推到了这仗是否要打的问题上。这显然不是皇太极想要讨论的。

一帮叔叔侄子的，吵个不停，皇太极越发觉得这帮亲戚们没有素质。他们几个人往这里一坐，这就是后金（现在已经叫大清了）最高级别的军事会议，怎么就弄得像山大王的会议似的呢?

这些人打仗勇猛没的说，制订个战术计划也没问题，但只要一涉及战略，个个都蔫了。

皇太极很愁闷，不知父亲努尔哈赤当初怎么想的，怎么就没有送我们兄弟去上学呢?

弄得现在大家一帮人事事要去请教外人，自家的那几个军师，到了北京周围就迷路。见识太少了，出国也就是到了朝鲜。

皇太极觉得应该回去恶补科学文化知识，但是老看《三国演义》《水浒传》这样的书，很烦。《资治通鉴》倒是当皇帝必看的书，可是有的人啃了好几次，实在啃不动，太深奥。

跟范文程这些人交流吧，他们每次都是说一半、留一半。话说得神神道道的，弄得皇太极得不停地猜，真是累。

这时候他想到了一个人，或许能帮他的忙。

这个人叫张存仁，他喜欢夜晚看天上的星星。看星星能够看出明天是否下雨，更绝的是，能够看出战争的胜败、政权的变换。

张存仁，辽阳人，原为祖大寿的副官，大凌河战役后投降皇太极，顺治时期官至兵部尚书。

皇太极找张存仁，没有说明自己谈话的目的，先是东拉西扯，话谈的是毫无章法，毫无核心。越是东拉西扯，张存仁越知道皇太极想干什么。

张存仁在谈话中突然中断，看了看满天繁星，告诉皇太极，东北要有真命天子出现。

现在的皇太极，非常需要一些证明，证明自己才是真命天子，证明自己能接替崇祯的位置。用什么手段证明，这对皇太极来说，不重要，他要的是结果，并且是对自己有利的结果。

想到这里，皇太极决定立马出去看下星星，看看代表东北的那颗星星，是不是更亮了？

皇太极走出厅堂后，发现天空中都是星星，自己咋就看不出来哪颗与众不同呢？

皇太极问张存仁：

“张先生刚才所说的星星是哪一颗，怎么找不到了？”

张存仁不紧不慢地回道：

“皇上，星星是会移动的，它在那里。”

说着给皇太极指了个方向。皇太极顺着他的手望去，果然有颗星星。说实在话，那天指哪个方向，都会有好几颗星星。

皇太极看了半天，还是没有什么收获。

张存仁这时忽然下跪，很兴奋地对皇太极说道：

“恭喜皇上，现在这颗星星更加明亮了。”

皇太极急忙揉揉眼睛，再看那颗星星，好像是明亮一些了。皇太极也明白这个时候，张存仁要讲深刻的话了。

果然张存仁站起来，悄悄在皇太极耳边说道：

“皇上，这是吉兆啊。东北出现天子的可能性很大。”

张存仁虽然是在耳语，其实50米外绝对听得到他在说什么。

这种免费的舆论让皇太极很高兴，要是在部族，那就要事先告诉巫师们你的意思，有时候还要低三下四地送礼，搞不好还会被出卖。

还是明朝的“预报员”实在，不用你去跟他们讲，只要稍微暗示，或者提醒一下，他们就会做到你所要的效果。

皇太极越来越喜欢这些明朝文官了。文化人就是不一样，就像自己肚子里的蛔虫，真是想啥有啥呀！

皇太极装作很高兴的样子，问道：

“是吗？”

张存仁回道：

“真的。我怎么敢骗您呢。不信您再看看。”

这个时候，张存仁才发现，皇太极似乎又有心事上头。

张试探着问道：

“皇上，还是为白天的争论烦恼吗？”

皇太极开始有点佩服张存仁了，听别人说他会算，就像三国里的诸葛亮一样。

皇太极便直接问道：

“倒不是为他们烦恼，只是锦州一直是我的一块心病。先生有什么好的办法？”

既然有了表现机会，张存仁怎么肯错过，他滔滔不绝地讲了起来，什么金木水火土，什么潜龙勿用……

但是听到最后，皇太极才明白张存仁想说的是以下几点：

打锦州攻为下，围为上；

攻心为主，攻城为辅；

重点在围城打援，离间敌兵。

其实这跟皇太极的想法差不多，只是略有改进。皇太极之所以这么费劲地听别人讲，目的只有一个：以理服人。

锦州——抢收粮食

第二天，皇太极与张存仁开始了在军事会议上的双簧表演，并且相当精彩。代善他们听得一愣一愣的，也不再瞎吵吵了。

最后的战略不是打仗，而是抢收对方的粮食。

要想围困锦州，前面说过，没个两三年工夫，饿不死里面的人。这么长时间的围困，自己的粮草是个大问题。

怎么办？

围困之后，抢收对方的粮食，自己动手，才能丰衣足食。这样既方便，又避免运输途中的意外。

这样的事，让谁去做呢？

代善这帮老爷子们去不合适，多铎这位小字辈年轻人，就要辛苦一下了。

多铎听说要派自己去种地，很生气，当即站起来表示反对。

种地这种事情，清朝的上流人士，什么时候干过。从来都是靠抢东西和打仗吃饭，现在扛个锄头去刨食，回来不让人笑话吗？

会后，皇太极将多铎留下。

皇太极给他分析，锦州是我们的心腹大患，拔掉锦州的关键是要围死。这次作战不会像以前那样厮杀，所以你只要准备工作做得好，肯定是头功。

年轻人爱冲动，但是也好骗啊。多铎高兴地领了任务下去了。

为了防止多铎管不住自己，皇太极又派上济尔哈朗这个贴心人管着他。

要种地，多铎、济尔哈朗和满蒙士兵可不愿干，关键是不会种。这下汉军八旗的士兵算是有地方大显身手了。

此时锦州的城防官为祖大寿。10年前祖大寿设计返回了明军，现在整个东北明军他绝对是老大。前面已经说过，祖大寿除了袁崇焕，只听自己母亲的话。现如今，他只听自己的话了。

自从上次很不光彩地回到锦州后，祖大寿心里一直像压着一块石头。虽然皇太极并没有向崇祯打小报告，但是感觉它像一颗炸弹一样，随时都可能把自己和家人炸得粉碎。

祖大寿一直在等待着一个结果，这个结果竟然等了10年。10年中每次崇祯叫自己到北京救援，或者述职，祖大寿都会做一场噩梦，梦到袁崇焕鲜血淋漓的样子。

每天巡城已经成为祖大寿的习惯，10年中，清军竟然忘记了这个地方。

这天，祖大寿又登上了城墙，却听到几个士兵的低语：

“听说清军要来，他们已经到了义州的边上了。”

“你怎么知道的啊？”

“我同村的一个人在义州当兵，昨天我去找他，听他说的。”

祖大寿立马赶回营帐，叫来副官询问义州方面的情况。

副官报告，清军是昨天晚上来到义州周围的，情报是刚送过来，正准备告诉你。

祖大寿那个郁闷啊，来了一夜了，今天才报告。要是真打起来，都死了不知道多少次了。可仔细一想这也难怪，10年了都没有见清军来过，士兵们难免有些懈怠。

祖大寿立刻通知义州的负责人，前来开会。

等了很久，一个大腹便便的家伙过来了。

祖大寿真是不明白了，才几年不打仗，手下的这些兵都吃成这样了。看来这仗真的没法打了。

此人见到祖大寿之后，知道自己情报工作延误，很害怕被军法处置，浑身颤抖，祖大寿看到他这个窝囊样子，真想一刀结果了他。但是转念一想，大家都不容易，何必呢？

祖大寿想到这里，心里咯噔一下，那个马革裹尸的祖大寿到哪里去了？

副官碰了一下祖大寿，他才从发散的思绪中转了回来。

费了很大的劲，最后总算弄清楚了。清军昨晚就已经拿下了义州，天一亮，义州周围的荒地上出现很多农民打扮的人。

祖大寿确认清军在义州开荒的消息后，马上意识到清军要对锦州有大动作。为了避免大凌河的结局出现，祖大寿迅速向北京报告，请求援助。

在祖大寿写信的同时，皇太极也命令多铎他们抽调一定的兵力，到锦州周围挖坑，准备围困锦州。

明朝中央的官员们照例分成两派，正当他们吵来吵去时，多尔衮已经带队来到了锦州城外。

眼看庄稼就要熟了，祖大寿本来还想偷偷地抢收点庄稼，储备起来。这下没得收了，清军已经抢先收完了。

看清军这架势，这次不拿下锦州，是不会回去了。

明朝的援军像以往一样，迟迟看不到踪迹。祖大寿决定先稳住阵脚，安抚好手下的士兵，尤其是蒙古部士兵。

原来一直跟着自己干的这些士兵，肯定不会出问题。他们一家老小都在锦州，锦州完了，按照清军的习惯，他们家也就完了。

倒是来自蒙古部的士兵比较难办，他们参加明军也就是为挣点饷银。平时站站岗、做点警察的活，他们倒是乐意。如果为了那么点钱，要他们献出自己最宝贵的生命，这有点悬。

皇太极也看到这点，因此一边筑城，一边挖壕沟的时候，命令清军加强对蒙古族士兵的心理战。

明军也对蒙古族士兵不放心，毕竟两家打了很多年。

白天的时候，清军士兵只是一队队地在城墙外例行转悠。到了晚上，蒙古族熟悉的家乡小曲，就会响起。

蒙古部士兵常年出来战争，听到家乡的音乐，心里别提多难受了。

第二天清军照样在城外转悠，既不攻打，也不喊话。

蒙古士兵确实忍不住了，便向城下的清军士兵喊话：

“兄弟，你们这是瞎转悠什么呢？”

清军士兵以前就听说蒙古族士兵实在，给块肉就肯帮你做一天的家务。现在算是亲眼所见了。

“我们就要攻打你们的城市了，兄弟！”

蒙古族士兵听到后，哈哈大笑起来，差点没噎着，待喘过气，接着说道：

“兄弟，听说你们以前来过两三次了，每次都灰溜溜地回家了。你们挖这么深的战壕，看样子是要围困我们呢？我们储存的粮食够吃两三年的，兄弟我劝你，早点回家抱孩子去吧！”

清军士兵也冷笑：

“是吗，兄弟，存这么多啊？那三年后你们可没有吃的了。”

蒙古族士兵们算是明白了，这下清军是要跟明军卯上了，锦州他们不会放弃了。

这番对话，迅速在蒙古部士兵中传开了。

晚上，城外又习惯地响起家乡的小曲，很多蒙古部士兵有了回家的想法。外面全都是清军，想回家只有一个办法，就是变成他们。当然打败他们也可以回家，不过这种想法既不符合实际情况，也很难操作。

打败他们还是回不了家，因为整个东北都是他们的了，蒙古各部也是了。那只有继续给明朝打工，将来有了儿子还是这样。有家难回啊！

对于打工者，出现意志的动摇没有什么好指责。但是作为守城官，祖大寿必须保证城市的安全。

他也在密切注意蒙古族士兵的动向，当军官诺木奇等人与济尔哈朗秘密联络时，祖大寿并没有阻止他们。

祖大寿对于背叛有着自己的理解，同时也有自己的解决办法。他觉得没必要把背叛扼杀在摇篮中，那样会留下祸端。应该允许背叛过程的发生，在背叛施行的最后时刻解决背叛的人。

祖大寿得知军官诺木奇等的行动时间，准备在同一时间对他们实施抓捕。这次祖大寿犯了个糊涂，除了蒙古部士兵，城外还有清军。当对蒙古部官兵进行抓捕时，被清军发觉了。

蒙古部官兵抢先向明军发动进攻，城外的清军听到城内打仗声后，急忙过来增援。

蒙古部士兵从城墙上放下绳子，清军很快爬上城墙。

明军见状，只好放弃外城，退到内城。

就这样，皇太极拉拢蒙古部官兵的战略意图实现了，战争的天平上，清军的砝码变得更重了。

山上、山下

听到锦州外围被攻破的消息，崇祯已经出离愤怒了。洪承畴，你就别想在办公室舒舒服服地待着了。

洪承畴带着十几万明军，还有崇祯彻底解决东北的期望出发了。

临出发前，崇祯身边的一个贴身太监，送来了一封绝密的书信。信中告知洪承畴，务必一举歼灭清军主力。待歼灭清军主力后，找个机会夺了祖大寿、吴三桂兵权。

洪承畴算是明白了，自己的任务不光要除外患，还要消内奸啊！

对于怎么妥善地处理这对矛盾关系，洪承畴自我感觉不错。他决定让吴三桂先去迎战多尔衮他们。

吴三桂，江苏高邮人，祖大寿的外甥，父亲吴襄本来是个生意人，想趁着战争到东北发点财，谁知道差点被努尔哈赤给杀了。

吴襄总结教训后，发现在东北混，必须有自己的队伍。

当时明朝正在鼓励东北人反抗后金，对于拉起队伍抵抗后金的人，均授予一定的官职。

于是吴襄散尽自己的财产，组建一支私人武装。由于吴家的马队本来就有护卫的保镖，这下只是招了些流民增加人数。

吴襄靠着手上的武装，很快获得官位，官至兵部侍郎。吴三桂借助父亲和舅舅的关系，也成了宁远总兵。

吴三桂接到洪承畴的命令，暗自叫苦，现在算是明白崇祯为什么派洪承畴来了。一箭双雕的计策也就他想得出、做得来。

吴三桂虽然心里骂娘，但是还得行动。于是带着队伍，看起来要跟多尔衮拼命似的。

只是奇怪的是，这支军队完全没有战斗力，连一般散兵游勇的能力都不如。这跟后来打遍关内无敌手、令清朝政府一直不安的吴家军，完全不一样。

正当吴军快要撑不住时，辽东总兵刘肇基率领部队赶到，杀了清军一个措手不及。

刘肇基小胜了清军，洪承畴就赶到宁远。

洪承畴入城后不久，便把吴三桂叫到了作战室。本来这个时候，应该召开全体军官参加的会议。

洪承畴的这一反常举动，让吴三桂有种担心。他带了几个武艺高强的侍卫，同时命令部队随时待命。

吴三桂见到洪承畴后，急忙感谢救命之恩。洪承畴只是冷冷地说了一句：

“最近跟你舅舅（祖大寿）联系没？”

吴三桂立马明白什么意思，于是主动向洪承畴请命，要求充当先锋，

开赴锦州。

洪承畴见他这么识时务，便夸奖了吴三桂一番，同时不忘告诫他：你舅舅能不能脱险，就看你的了。

吴三桂回去后，还没来得及细品，洪承畴的军令已经下达。

明军全线出击，进攻围困锦州的清军。

清军这边，多尔衮正在为孔有德这帮人也被派来围攻锦州生气，他觉得这么做是不相信自己的实力，侮辱满族八旗的人格。可见清军并不把眼下这些明军放在眼里。

豪格也气冲冲地跑到多尔衮的营房中抱怨：不就是个祖大寿吗？攻打大凌河时，不是做了我们的俘虏了吗？

还有什么洪承畴，说什么很厉害，我看就是个书呆子，吵架可以，打仗肯定不行。

多尔衮一直很烦这个豪格，虽然他比自己早出生几天，但是好歹自己是他父亲的兄弟，更何况现在是大汗。

每次这小子进来也不敲门，对于大汗总是大呼小叫的。

这次多尔衮觉得豪格说得没错，八哥皇太极对于洪承畴过于重视了，还说什么不准伤害他。

于是两人一合计，觉得对付洪承畴没有什么好想的，直接吃掉他的大军得了。

这时候侦察兵报告，明军大部队已经从宁远出发了。

多尔衮让军官不要担心，明军那是吓唬人的。我们跑到北京几趟了，也没有看到他们的大军。偶尔碰到几个骨头硬的，也一样被我们杀掉。

多尔衮、豪格没有碰上萨尔浒战役，对于明军缺乏清醒的认识。当时的明军，不想打仗时确实如他们所说的，不堪一击。但是遇到一个硬骨头将领，明军就会展现出完全不同的作战能力，而洪承畴就是这样的将领。

多尔衮他们这次和明军的相遇，地点在松山。

松山距离锦州只有两三公里，跑步过去也用不了多久。

其实这时候，距离不是最重要的，最重要的是它是一座山，只要明军攻占了此处高地，就可以一览清军全貌，洞察多尔衮的一切行为。

多尔衮见到这次的明军将领是吴三桂，差点喷饭。自己还记得前几天，那个被自己打得满地找牙的，正是此人。

两军的第一仗，并没有按照多尔衮的预想进行。同一支部队，现在的这支部队怎么像打了鸡血一样，个个都不怕死，奋勇冲杀。

这一仗下去，大家互有损伤。为了挽回前面失利的面子，更重要的是拔掉后方的钉子，多尔衮挑选精兵强将向松山发起进攻。

多尔衮之所以敢贸然进攻松山，就是因为这时清军也携带了红夷大炮。但是多尔衮忽视了一个问题，明军在高处。在过去炮弹杀伤半径比较小的情况下，力量和速度就成了影响炮弹杀伤力的重要因素。一个是从上往下打，一个是从下往上打，哪个打得远、打得狠，很容易就能看出来。

这样清军的炮弹就成了烟火表演，而明军的炮弹则给清军很大的杀伤。

而且明军在高地，清军的骑兵优势也没有办法发挥。清军如果想拿下山头就必须丢掉战马，徒步攻上山去。

进行山地战，清军还没有碰到过。

山地战最终目标就是攻占高地，这个多尔衮是知道的。但是进攻中需要各个部队紧密配合，一个方向和环节的漏洞都会导致失败。

在过去没有电子通信设备的情况下，要想各个进攻方向保持一致，相当困难。你东面攻到半山腰了，但是其他方向的部队却被打退了，这样东面的部队就陷入了死地，陷入敌人的包围圈，所以在冷兵器时代很少进行山地攻防战。

其实山地战有点类似消耗战，这样扎营山上的一方就必须保证物资供应充足。如果被对方切断了物资供应，那就只有等死了。

三国时期的马谡失街亭就是因为被断了粮道。

洪承畴何尝不知道这个道理，因此洪承畴将松山和杏山两个堡垒连接起来，这样，明军防守由点变成了一条线。如果再变成面，那就更好了，能不能由“线”变成“面”，就要看祖大寿的了。

多尔衮读的书太少，因此不明白怎么才是明智的举动。正在他准备攻山时，明军已经杀入清军的左翼。

清军的精锐费了很大的劲，才把明军给打退。骑马抡大刀这种打法都没有占到便宜，清军损失不小。

更让多尔衮烦心的还在后面。自己的骑兵冲锋的时候，对方的大炮使劲轰，顶着炮弹、吃着炮灰的清军，刚到半山腰，被从山顶冲下来的明军一下就冲垮了。明军把对方撵到山脚，就又回头往山上跑。就这样来回折腾，地上躺的大多是清军的士兵和满山遍野吃草的战马……

到了晚上，想好好休息吧，明军的大炮却响个不停，锦州的守军也时不时地出来，打扰你的美梦。

多尔衮和豪格都属于四肢比较健康、脾气有点不好、脑子不怎么灵活的主。整天铆足了劲，跟明军死磕，但是就是使不上劲，明军这次也不按套路出牌。

多尔衮很郁闷，但是却没辙，只好向沈阳发信，请求八哥皇太极亲自出马。

不怕神一样的对手，就怕猪一样的队友

皇太极一直在沈阳等前方胜利的消息，但迟迟没有回音，鼻子流血的毛病也犯了。现在听说锦州快撑不住了，二话不说，带上剩余的八旗精兵，快马加鞭，向锦州进发。

这一着急，鼻子流血的毛病就更重了。皇太极也不管那么多了，一手扬鞭，一手拿碗接着血，继续前进。

到了松山，皇太极看到双方的布阵后，真想抽多尔衮、豪格几巴掌。这时候，皇太极想起了临行前范文程跟自己说的一番话。

范文程告诉皇太极，洪承畴是个很了不起的人物，不光书读得好，打仗一点也不含糊，曾多次被提名并获得对明朝最有贡献奖。

皇太极看到洪承畴的布阵后，觉得此人的奖章绝对不是花钱买的。松山、杏山（临海）连成一线，物资囤于笔架山。笔架山是个海岛，距离锦

州 35 公里。

仗打成这样，真不知道是多尔衮愚昧还是洪承畴狡猾。

最致命的还不在这里，而是洪承畴的部队驻扎在清军背后，这样一来，有可能被困死的不是锦州城里的祖大寿，而是自己了。

你增援部队过来可以，但是你的粮草想过来，没门。本来想瓮中捉鳖，谁知道自己成了鳖。

皇太极读过三国这样的书，因此他知道洪承畴此战是想一举吃掉自己。

这仗只有一种打法，就是断了明军的粮道，诱使明军走下山来，进行决战。

显然这是一厢情愿，多尔衮已经试过了，行不通。

另一方面，洪承畴也提防着清军给他来这一手。

对于皇太极来说，这场仗似乎已经无解了，除非上天帮忙。

事情就是这么巧，真的有人帮忙。不过帮忙的不是天上的神仙，而是明朝的官员。

这个人叫陈新甲，此时任明朝兵部尚书。

陈新甲，四川长寿人。这个人读过不少书，但却能力平平，应该很难有好的发展。但是陈新甲命好，遇到了贵人杨嗣昌，所以官升得像坐飞机。杨嗣昌暂时回家后，陈新甲就接了老领导的班，接任兵部尚书。

在解决锦州的问题上，洪承畴跟陈新甲存在很大的分歧。陈新甲主张速战速决，洪承畴则主张与清军打消耗战。其实两人都是想解决东北问题，但这是老领导之间的分歧，没得改变。

崇祯也比较赞同洪承畴的观点，但是消耗的那是白花花的银子啊。此时全国申请救灾免税的报告，一个接一个。自己那个小金库，快要破产了。崇祯有些犹豫。

陈新甲看崇祯出现了动摇，便提出派人到东北看看情况。调查后，再作出具体部署。

陈新甲派出一个五品的小官张若骐。张若骐虽然级别不高，但是他代表兵部，代表朝廷。他的意见对这场战役的走向起着决定性的作用。

洪承畴也知道兵部派张若骐过来是催战的，因此极其重视张若骐的到来。张若骐来到松山后，立马被请到洪承畴的办公地。

两人一边喝茶，一边聊起了北京的趣事。洪承畴暗暗高兴，以为搞定了张钦差。可是洪承畴想错了，陈新甲怎么会随便派个人过来?

张钦差回去就把明军节节胜利，清军渐渐支持不住的事情，添油加醋地报告上去。

这要是在战争结束的时候，洪承畴真应该谢谢张钦差。但是现在是处于战争的相持阶段，现在催促洪承畴主动出击，无异于催他去死。

玩过积木游戏的人都知道，要想把堆积如山的“积木”弄倒，最好的办法不是一块一块拿下来，而是找到关键的一根，抽掉，积木便轰然崩塌。很显然，洪承畴是后者，而陈新甲是前者。

崇祯这个中间人很难当。究竟听谁的，他拿不准，消耗战稳妥，但是钱是个大问题；速战速决便捷，但是能赢吗?

人在犹豫的时候往往会采用身边人的建议，这是一种不自觉的行为。

洪承畴远在东北，陈新甲就在自己眼前，崇祯不自觉了一回。

催促洪承畴主动出击的命令，一个接着一个发往东北。真不知道是崇祯急还是陈新甲急。

本来洪承畴一路赶过来，已经是马不停蹄了。先到宁远，没有休整就狂奔到松山，并且先发制人，占据有利地形，进行战略部署。

因为走得太快，只带来了 4 万人。

现在刚在松山小胜一下，崇祯就以为消灭对手的时候到了。洪承畴接到一道又一道催促的命令。

既然上面让打，洪承畴不能不打。

洪承畴召开军事会议，动员大家，明天英勇杀敌，为国家多作贡献。

或许这就是天意，当你决定去死的时候，总会有人会再送你一刀。

在洪承畴开会的同时，一个情报传了过来。

当时的清军已经有了海军，陆地被洪承畴布置得严丝合缝，但是海上却是一个漏洞，这是洪承畴一直担心的问题，现在终于出现了。

清军的海军已经悄悄地攻占笔架山，明军的物资囤积处。

现在他需要做一个决定，要么抗命，先调拨军队拿回笔架山，要么放弃笔架山，明天继续决战。如果这样，那可真成最后的决战了，成败都在这一仗。

洪承畴还是逃不过文人的弱点，选择了听从上面的命令，并告诉下面的人严格保密，否则军法处置。这一夜，洪承畴感觉特别漫长，调过去夺回笔架山的军队一直没有消息，派去锦州联络的人员一直也没有回来。

更糟糕的是，清军神不知鬼不觉地挖了三条大沟，阻断了松山和杏山之间的交通，松山的粮食运输也就只有通过空运了。

夜不成眠，洪承畴走出营帐，来到乳峰山的最高处。放眼望去，山下清军的篝火仿佛天上的星星，数也数不清。忽然一阵凉意袭来，弥漫全身，现在刚过夏天，难不成感了风寒？

不管怎样，洪承畴明白天亮之后这一战意味着什么。

第二天，明军起得都很早，但是吃早饭的时候，有人发现，碗里的饭没有以前多了。

大家都知道这意味着什么，但是却没有人交流这些。战争在即，谈论这样的事情，是要杀头的。

明军数万大军，放弃有利地形，向清军驻扎的营地冲了过去。

明军士兵以前一下山，就可以碰到清军士兵。今天跑了很远，还没有发现清军的踪迹，洪承畴在山上大叫不好。正在这个时候，清军骑兵飞驰过来，一阵厮杀，结果可以想象，明军败。

打胜仗的时候，大家都很积极，一旦吃了败仗，大家就会变得很消极，变得很躁动。

明军召开高级军事会议，讨论接下来怎么办？

有人说突围回宁远，有人说继续上山打消耗，有人说干脆鱼死网破……

洪承畴大怒，都什么时候了，还吵吵没完。

洪承畴虽然也知道东北军官不听话是出了名的，但是他还想拼死一搏，挽回一些颜面。

读了那么多年的书，打了那么多年的仗，洪承畴什么时候这么窝囊过。

他随即发表了一段类似于战前动员的讲话，内容简短，中心明确：

粮食快要吃完了，最多两三天之后就会断粮，如果怕死不敢拼，那就等着被饿死；打可能也会死，但死得光荣，或许突围出去，还有生存的希望。现在大家都回去，让士兵们明白，横竖都是死，怎么死，让他们自己决定。

对于洪承畴来说，当他准备决战的时候，他就想到自己会死，要么死在战场上，要么战败，像袁崇焕一样，死在自己人手里。

但是有些人不同，例如前面讲过的太子党王朴，他知道只要清军杀不了自己，崇祯是不会伤害自己的，罚点钱就可以平安了。

因此王朴等人趁着夜色，准备逃跑。败兵之中最怕出现逃兵，更何况是逃将。士兵一看，当大将的都跑了，我们还在这里耗什么？大家都散了吧。就这样，明军又给清军上了一课——集体大逃亡。

多尔衮这下又开眼了，成千上万人集体逃跑，确实很壮观。

明军逃跑，清军自然要追、要堵，为这场逃亡大戏增加热烈气氛，他们在松山至杏山、宁远的各个必经路段，埋伏精兵，同时派轻骑切断杏山至海上的道路。

这次逃亡中，王朴继续保持了他们这批人的作风，成绩优异，名列前茅。另外，还有一个逃跑世家再次入围，他就是吴三桂，继承他爹逃跑绝学，名列第二。明军将领当中仅此二人逃到了宁远。

松山之憾

在王朴组织的逃跑活动中，带走了一小部分明军和一部分的软骨头。除了他们，更多的人则留在了原地，不是因为他们想打这一仗，而是有些人对自己逃亡的本领不够自信。

虽然战争还没有结束，但是洪承畴已经想到了结果，他只是在等待这场仗会以什么样的形式结束。

现在的局势是清军围而不打，清军在执行之前定下的作战计划——攻心。

洪承畴本来也想与清军大战一场，事后家人得到朝廷的照顾。但是皇太极没有给他机会，他只是让清军缩小包围，继续挖沟围困松山。

洪承畴此时有点佩服此人了，不用牺牲士兵，就可以击垮敌军，确实高。

洪承畴看着山下一条条的大沟，望着遍布山脚各处的清军帐篷和升起的袅袅炊烟，再看看自己的军营，沉默了。

期盼援军，自己本来就是援军。兵部那帮官僚就知道瞎指挥，等着让他们想办法救自己，一点都不靠谱。

虽然他很清楚，北京是不会派人来了，清军也不会过来攻打，再等下去，士兵随时哗变。而这正是皇太极的策略，或者说是之前自己老同事张存仁的策略。

他还是不断地深入营房，告诉官兵们不久北京就会来人了。这种时候，“希望”成了所有人支撑下去的唯一理由。

但是欺骗永远代替不了事实，当事实摆在眼前，欺骗就会带来仇恨。

夏成德看透了这一点，饭都吃不上了，还要说自己家有很多肉。一股躁动之气在明军中蔓延。

皇太极这边，本来是想在松山亲自“接见”洪承畴，但是沈阳出事了，自己最喜欢的宸妃海兰珠病重。

皇太极是个重感情的人，再说松山也没什么技术活可做了。他留下几个儿子、侄子守着松山，告诉他们一定不能开小差，自己赶回了沈阳。

东北的冬天非常冷，没有御寒衣服的明军士兵在饥寒交迫中渐渐失去活力，继续等下去，只有死路一条。

夏成德终于按捺不住，私通清军，晚上悄悄地放进来清军，帮助他们俘虏了洪承畴。

松山大战热热闹闹地开始，冷冷清清地结束了。

听说松山被攻破后，祖大寿知道自己已经失去最后一根稻草了。

投降还是坚持，这是一个问题，不仅关系到自己，还牵涉到这城里所有的士兵和百姓。仗打到这份儿上，祖大寿失去了主心骨。他开始想念袁崇焕，想念他当年在城楼上一次又一次坚持，又想到袁崇焕最终的结局，他有点动摇了。

祖大寿在上次诈降的时候，把儿子留在了清军这边。就在他犹豫的时候，他又看到了儿子那熟悉的笔迹，劝他投降，并且说了很多清军的优待政策。一边是丢城之后的惩罚和老上司袁崇焕结局的敲打，一边是优厚的投降条件，他的心终于卸下了抵抗的盔甲，彻底没有了斗志。

随后，他命人打开了锦州大门。

清军进驻锦州后，很快扫荡了其外围的塔山等地，这样松锦会战就以清军大胜而结束。

崇祯在北京听说松山被攻占的消息，知道洪承畴一定殉国了，于是召开隆重的追悼会，缅怀这位英雄。而洪承畴此时正在去沈阳的路上。

招降洪承畴

洪承畴、祖大寿一帮俘虏被押到沈阳后，八旗子弟纷纷要求杀了他们。皇太极本着爱护人才的标准，暂时把洪承畴关在自己办公地点旁边的一个屋子。

洪承畴被关了禁闭后，脸也不洗，鞋也不穿，在房间大喊大叫。皇太极觉得应该给他点颜色看看，让他尽快明白自己现在的处境。

皇太极让人把洪承畴的三餐给断了，天天只保证他的饮水。洪承畴果然与众不同，竟然坚持了 7 天。

皇太极正在考虑怎么处理他的时候，范文程、张存仁准时出现了。

范文程对皇太极说：

“现在我们虽然已经取得整个东北战场的胜利，但这离全国的胜利还有很长的距离。一个新的政权建立，不光要扩充地盘，还要搞好宣传。洪承畴是明朝重量级人物，如果把他拉了过来，舆论影响一定不小。”

皇太极连连点头称是。

张存仁也趁机说道：

“要想尽快夺取明朝政权，就需要挖来他这样的人才。挖了洪承畴，

崇祯就等于少了条胳膊。”

皇太极的忧愁这下没有了，他问范文程：

“先生认为，应该怎么招降他呢？”

范文程回道：

“我先过去陪他聊聊吧。”

皇太极笑着说：

“先生辛苦了。”

洪承畴见到范文程，依旧躺在那里，节省体力，也不想多费口舌。另外他现在饿得已经看不清东西了，即使看得清，他也不认识范文程。

在明朝那边，范文程连个小角色都不算，只是个小小角色，像洪承畴这种大人物不认识他很正常。

范文程来了之后，并没有提劝降的话，而是向洪承畴请教“孔曰成仁，孟曰取义”是什么意思？洪承畴一看就知道这是明朝那边过来的人，顿时来了力气，正好趁着这个机会好好地羞辱下这个软骨头。

范文程虽然在明朝那边官职不高，但此人的见识并不少。范文程理解洪承畴此时的心情，他也是这么过来的。所以他清楚，直接劝降，不如绕道谈学问，先拉近关系，增加双方的认同感，之后再谈其他事情。

洪承畴毕竟是文人，先是由教训这个软骨头，慢慢开始探讨学问。

范文程说，难道你死了，就算是仁至义尽了？你读了那些圣贤书，什么事都做不了，就是为这一死吗？

这话让洪承畴陷入了深思之中。他不再想简单地舍生取义，而是分析死的利弊，死得值不值了。因为当时的明朝，积弊已久，气数已尽，并非大清要灭它，而是自灭。主上昏庸，奸臣当道，国内的农民军烽火四起，大明的江山就如同风雨飘摇的海上的一叶小舟，翻船只是个时间问题。

更何况，当时的明朝，对于败军之将，处罚很是严酷。不仅会杀掉败将，连他的妻女家小，也会一并处死。就算洪承畴不投降，或者被放了回去，也难逃一死。而且还会搭上全家人的性命。

那样的死，就值得吗？那样残暴的朝廷，还值得为之效力吗？洪承畴心里开始嘀咕了。

在谈话当中，房梁上的积灰飘落下来，落到了洪承畴的衣服上，洪承畴就“屡拂拭之”，多次将灰尘掸去。范文程于是就暗自窃喜，心想，洪承畴不会死了，一个人，对自己的烂衣服尚且那么爱惜，怎么会不爱惜自己的性命呢？他内心肯定已经动摇了。接下来，只需要再让皇太极感动他一下就行了。

两人当天聊到很晚，范文程就招呼洪承畴吃点东西。洪承畴动摇了，没有多想，下意识地拿起了筷子。

拿起后，洪承畴发现这下丢人丢大了，便把筷子举在空中。

范文程见状，说道：

“先生，身体可是本钱，要想奋争下去，还是要吃饱饭啊。”

洪承畴犹豫了一下，还是拿起了筷子。就这样，他的绝食以失败告终。

范文程从洪承畴那里出来后，直接去了皇太极的住所，把经过告诉了皇太极，皇太极听了十分高兴，准备亲自见洪承畴。

范文程走后，洪承畴失眠了，绝对不是吃撑了。这是进驻松山以来，第二次睡不着了。洪承畴不明白怎么就这样放弃了绝食。

他感觉很对不起崇祯，对不起孔子、孟子两位圣人，更对不起一直支持自己事业的家人和朋友。

但是有些事情，只要你迈出了第一步，就再也走不回来了。洪承畴决定要坚守住最后的底线，绝对不能投降。

他清楚这样的结果就是获得英雄的称号，但是松山一战死了那么多人，还断送了明朝在东北的最后希望。

就算崇祯肯原谅自己，人民能原谅自己吗？历史能原谅自己吗？

历史的罪人这个黑锅，肯定要自己去背了。至于是不是该自己背，洪承畴觉得完全没有必要去想，因为想也没用。

以前洪承畴总以为死是一种害怕、胆小的表现，经过 7 天的绝食，他明白了死也需要很大的勇气。

松山被围的时候，自己就没有想过自杀。这太不可思议了，以前还以为自己坚强，现在才明白那是一种与生俱来的胆小。

有时候，洪承畴也觉得两眼一闭，死了也就没有烦恼了。只是可惜满肚子的书本，以及几大池子的墨水在劝他。

洪承畴忽然明白“孔曰成仁，孟曰取义”，是文天祥说的话，好像两位圣人没有说过。还记得孟子说过懂得和谐的君主才能做皇帝，不然人民可以推翻他；有能力的人才能主持大局，不然就得下台。

但是仔细一想，如果自己投降了，北京的家人怎么办？100年后，1000年后，自己的子孙还是抬不起头。

洪承畴内心的纠结，快要吞噬了他原本虚弱的身体。

第二天早上，又有人来送饭了。洪承畴还在考虑吃还是不吃，却发现这次来的人不少。光随从人员就把半间屋子站满了。昨天来陪自己聊天的那位，也跟来了。

看样子，他不是个小人物，因为站得比较靠前，紧挨着一个穿戴很像领导的人。再看其他人想吃自己的样子，洪承畴明白了，中间那位应该就是皇太极。

昨天那位进来后，忙向自己隆重介绍中间这位就是皇太极。

洪承畴扭头看了一眼皇太极，没有跟他打招呼。

皇太极身边的人满眼怒火，眼看着几个人就要向自己冲过来了。

皇太极先开口了：

“洪先生在这里受委屈了。”

洪承畴还是选择沉默。

皇太极便让其他人都退下，屋内只剩下了他们两人。

皇太极为了打破沉默，说道：

“看到先生在松山的排兵布阵，我真的很想同先生好好聊聊。”

洪承畴本来就输得很不服气，这下可逮着这个机会了。他便滔滔不绝地将自己的战略部署讲了一下。

洪承畴最后说道：

“如果朝廷能够听从我的稳扎稳打的方法，我们肯定不会输给你们。”

皇太极作为听众，不光听还不忘加点感叹的语言。听完洪承畴的话，皇太极说道：

“先生的战略思想的确是超出一般人，要是崇祯听了你的，恐怕我们都要跑进山里了。”

这时候洪承畴有一种很奇怪的感觉：这个人也没有想象中那么讨厌。

皇太极看洪承畴意志已经出现了波动，接着说道：

“我们大清就是缺少先生这样博学多识的人啊！先生如果不嫌弃，可否给我这个粗人做个参谋？愿意与否，先生可以自己决定。”

洪承畴本来应该一口回绝，但是这次很奇怪，他竟然点了头。

事后洪承畴恨不得把自己的脑袋拧下来当球踢，但是自己已经试过几次了，自己杀死自己，太困难了。

虽然答应了跟着皇太极干，但是毕竟领了崇祯那么多年的俸禄，洪承畴一直没有正经地参加过这边的工作。只是偶尔议议事，喝喝茶，谈点无关痛痒的意见。

要他全身心地投入清朝的建设，还需要一个过程，或者说一个结果——一个朝代结束的结果。

对于洪承畴投降的过程，还有另外几种版本的说法，但是经过考证，都不足为信。

一种说法是皇太极用一件貂皮大衣、三声问候搞定了洪承畴。这种说法来自清朝后来的文献，这里面夸大了皇太极的魅力，贬低了洪承畴的意志，显然不够客观。

另外还有一个流传比较广的说法，从下面的描述中就能看出来，来自民间流传，目的不在于污蔑洪承畴，而在于污蔑另一个女人。

这个故事是这样说的：

皇太极的宠妃博尔济吉特氏，也就是后来的孝庄太后，亲自出马招降了洪承畴。

传说洪承畴这个人虽然比较正直，但是耳根子软。在禁闭室关了好几天，洪承畴一直等待的最后时刻，迟迟没有到来。

这天晚上，洪承畴正望着窗外的月亮发呆，忽然门开了，款步走进一个年轻美妇，他抬头一看，即为之倾倒。

“将军……”美妇这一声，唤得洪承畴有些不知所措。而后，美妇的嘘寒问暖，哄得洪承畴六神无主。

谈及家中老小，洪承畴眼眶蓄满泪水。美妇见状，即执起酒壶，与其对饮。

几杯下肚，洪承畴感觉飘了起来。美妇趁机分析当前局势，希望洪将军能够为两方和平相处，贡献一份力量。

洪将军哪还有什么反抗的心思，乖乖地投入了皇太极的怀抱。

有些小说写得更大胆，说庄妃牺牲自己诱使洪承畴投降。

当时清朝已有很严格的后宫管理，孝庄私自招降洪承畴难度系数很大。皇太极刚打了个大胜仗，却要自己最喜欢的妃子去牺牲，这不符合他的性格和常理。

更重要的是，在现有的可信历史资料中，并无洪承畴这种行为的确切记录。

但无论怎么说，结果都只有一个，那就是，他投降了。

第十一章 大明很乱，大清更乱

只好先对付农民军了

洪承畴投降了！

连洪承畴都投降了，这究竟是怎么了？

崇祯在得知这个消息后，脑子里嗡的一声。之前有不少人投降，但还都是些多他不多、少他不少的小角色。这次连镇守一方的封疆大吏都投降了，他的神经被狠狠地刺痛了。

崇祯一直以为后金就是一伙强盗，现在整个东北都是他们的了。崇祯再也不想看到这些文官，一个个都没有骨气，没有血性，自己省吃俭用供前方打仗，最后换来的却是这样的结果。

东北彻底乱了，不归自己管了；

河南李自成的农民军也越闹越厉害；

还有四川的张献忠……

崇祯看着明朝的地图，看着这些曾经属于自己的地方慢慢脱离自己的控制，他的手颤抖了。

乱了，这下是彻底乱了。

天下乱，崇祯不能乱，先打东北还是先打农民军成了他首先要解决的问题。东北打了这么多年，越打自己在东北地盘越小，接着打东北，难度大。那就先解决农民军吧，那就找个软柿子捏吧，朝廷太需要一场像样的胜利了。

崇祯的脑子里一遍又一遍地过着大臣们的样子。目前在任的，已经退休的，凡是能想到的人，都在他脑子里像放电影一样闪过。他们的模样、他们的经历、他们的性格，关键是他们对朝廷的忠诚度，这些所有的问题，都同时在他脑子里铺开。最后，他将画面锁定在了一个人身上，但是他并不肯定，他能行吗？他真的能行吗？

这个人是杨嗣昌，他的主张前面已经说过，就是先解决农民军，然后再打东北。上次迫于舆论压力，他提前退休，现在是重新起用他的时候了。

经过一番朝议，崇祯和朝臣们一致认为应该请杨嗣昌出马。

更为关键的是，大家都明白，现在活着的人中，只有他有可能解决这个问题。

上次被迫退休之后，杨嗣昌一直赋闲在家。当他听说洪承畴投降后，心里没有丝毫的喜悦，反而有些惆怅。

看到京城的锦衣卫前来请自己回京，杨嗣昌特意到父亲的牌位前祭拜了一番。此去京城，极有可能迎来自己人生的终点。

到了京城，领完任务之后，杨嗣昌就上路了，崇祯为他举行了隆重的欢送仪式，并且亲自为他送行，规格之高，恰恰证明了崇祯心中没底。

杨嗣昌走了，带着明朝的军队奔着农民军的方向去了。

在那些日子里，崇祯天天盼望着来自前线的消息，天天盼望着能够凯旋的杨嗣昌。

作为朱家的大当家，崇祯最近又老了很多。变老的不光是外表的容颜，还有内在那颗跳动的心。

每当感觉到心在跳动时，崇祯就会脑袋疼。有时候会出现短暂的正常状态，崇祯就会想，如果现在自己只是个信王爷，那该多好。

哥哥喜欢做木匠，但是他放弃了自己的本职，他不是一个好皇帝。自己努力去做个好皇帝，放弃自己的爱好，甚至放弃了本该皇帝享受的物质待遇。为什么自己也依然做不成一个好皇帝呢？

可怜的崇祯，可怜的大明王朝，今天再回顾那段历史的时候，我依然对崇祯心存敬意。大厦将倾，难道是最后一任主人的错吗？

崇祯阴差阳错地当了替罪羊，被钉在历史上某根特殊的柱子上。假如他生在大明初期，他或许会像前几任皇帝一样力挽狂澜；如果他只是当初的信王爷，或许历史的黑锅就不用他来背。

他只是在错误的时间里，担任了一个注定要失败的角色。

明朝的灭亡，并不像大家想象的那样，亡于腐败，亡于皇帝的无能，亡于皇帝不理朝政……

前面已经说过，明朝的组织结构堪称完美，在这样的组织结构下，想从内部颠覆，几乎不可能，内阁制及严格的情报机关（东、西厂）使得皇帝不用出宫，甚至不用和大臣见面就能把握朝局；明朝的军队，配备当时最先进的火炮，拥有高素质的战术素养，虽然在东北吃过一些败仗，但并不会对全局产生太大的危害……

真正让明朝灭亡的是什么？崇祯当时的主要敌人，可以说不是皇太极，不是李自成，不是张献忠。

这或许就是天意，也就是人们常说的，气数。

可怜的是崇祯根本不知道自己在和谁斗，他到死都没有想明白大明王朝为什么会覆灭。

其中的秘密，也是后人们站在世界史的立场上，站在了解太阳黑子活动规律之后的基础上才发现的。

在下一本书，我会给大家解开这个谜团。

皇太极暴毙

中国历史有两个特征，一个是喜欢在重要人物的出生问题上做文章，另外一个就是喜欢在重要人物的死亡问题上做文章。

在出生问题上做文章的皇帝很多，从秦始皇、汉高祖到唐宗宋祖，都未能免俗。努尔哈赤父子也被人庸俗了一把。出于政治目的，努尔哈赤的出生被后人搞得神神道道；出于猎奇目的，皇太极的死亡同样被后人搞得扑朔迷离。

关于皇太极的死亡，《清史稿》记载得很清楚，说他是无疾而终，就是突然死亡。一个皇帝突然死亡，这就给阴谋学说的人提供了无限的想象空间，关于他死亡原因的各种版本在民间和现在的电视剧中广为流传。其中有一个版本可以说是传播率最高，接受度最广，那就是皇太极是被多尔衮和庄妃合谋杀害的。

故事是这样开始的：

松锦会战结束后，洪承畴被俘，押解到了沈阳。大清官方对于处理洪承畴有两种说法：一种是直接砍了；另一种是策反他。直接砍好理解，因为他直接或者间接杀死了很多清人。主张策反他的人大多数是有些谋略的人，认为如果能策反这样的高官，对明朝会是一个不小的打击，也会让崇祯对手下人产生怀疑。洪承畴被策反对明朝来说是后患无穷。

负责策反他的人去了一拨又一拨，但是都以失败而告终。最后有一个女人站了出来，她打算去试一试，这个女的就是庄妃，也就是顺治帝的母亲，康熙帝的祖母，后来大名鼎鼎的孝庄太后。

策反的总方针是，如果这次能策反成功固然很好，如果策反失败，就送给洪承畴一碗参汤，了断了他。

策反过程就不详细讲了，总之是参汤没用上，庄妃的身体倒是用上了。

这个事情到这里就告一段落，在接下来的日子里，多尔衮和庄妃策划了一起谋杀案，谋杀的对象就是皇太极。

多尔衮将皇太极请到自己家中吃饭，宴会过程中，皇太极老毛病又犯了，头晕目眩、周身无力，后来就到多尔衮的房间休息。

休息的过程中，皇太极做了个梦，梦见自己的爱妃和多尔衮私通。从梦中惊醒，皇太极气冲冲地回家。

到家之后，庄妃已经在卧室中等待，并且放了一碗参汤。皇太极在庄妃的引导下，喝下了参汤，死了。

故事梗概就是这样。

了解那段历史的人一看就知道是胡扯！

神探破案首先会分析犯罪分子的犯罪动机，多尔衮和庄妃的犯罪动机是什么？

因为他们的私情？

在不少电视剧中，为了增加剧情的生动性，硬是把毫不相干的多尔衮和庄妃刻画成一对苦命的秘密鸳鸯，是皇太极从中横插一杠，拆散两人。并且大多数版本还说他们是青梅竹马。这纯属无稽之谈。

少年多尔衮和庄妃各自生活在大草原的两端，见面的机会不多，怎么可能产生感情？青梅竹马就更无从谈起了。

多尔衮和庄妃在 20 岁之前，见过三次：

两个人的第一次见面，最有可能的是在万历四十三年（1615 年），这一年，多尔衮 3 岁，孝庄皇太后 2 岁。

两个人的第二次有意义的见面很有可能是在天启三年（1623 年），这一年 11 岁的多尔衮结婚，10 岁的孝庄参加了多尔衮的婚礼！

两个人的第三次见面最有可能的是在天启五年（1625 年）。这一年，12 岁的孝庄嫁给了多尔衮的同父异母的哥哥皇太极，成为 13 岁的多尔衮的嫂子！

从此，两个人具备了天天见面的条件！

但是天天见面未必会产生感情，所以，情杀的可能性不大。

另外一点，杀了皇太极，谁来做皇帝，多尔衮吗？

从后面的历史看显然不是他，福临吗？

当然不是，福临当时才几岁，完全没有这个想法和能力。

…………

这里面有太多不合逻辑的地方。

关于皇太极的死，现在已经有了定论，绝非非正常死亡。虽然这样，他的死依然有很多需要论证的地方。

真正的死因

前面说了一个关于皇太极身体的细节。在松锦大战中，他的鼻子总是莫名其妙地流血，对于一个人来说，这是身体不健康的信号，但对于一个政权来说，这是另外一种信号。

所有人都看在眼里，计划在心里。

这种疾病在医学上叫“鼻衄”，也就是我们说的流鼻血。这种疾病多由于“肺燥血热”，引起鼻腔干燥，毛细血管韧度不够，破裂所致。

如果不及时治疗，迁延发展，将会产生严重的后果，如鼻黏膜萎缩、贫血、记忆力减退、视力不佳、免疫力下降，甚至会引起缺血性休克，危及生命。

通过《清史稿》上对皇太极病情的描述，我们可以断定他当时患的就是这种疾病。松锦会战开打之后，由于这个疾病，使得皇太极回到安山休养，可见这次病得不轻。

皇太极自己也慢慢感受到大自然的规律，感受到自己那颗跳动的心脏在慢慢减速。

努尔哈赤当年什么话都没有留下，突然撒手而去，留下一个摇摇欲坠的地区组织给自己打理。经过自己这么多年的奋斗，整个东北都属于自己，也建立了清朝，自己登基称帝，完成了一份不小的伟业。这份家业该由谁继续打理，成了一个难题。

如果按照范文程他们的建议，采用嫡长子继承制固然很好。但是嫡长子继承制就得早早确立继承人，这对于战争年代的大清，对于靠战功获得权力的群体并不适合。

努尔哈赤时期，没有确立继承人的言下之意就是大家都有机会继承，这样一来，打仗自然更卖力，他们能从十几个人的队伍发展到现在拥有一方的政权，靠的就是兄弟齐心。如果早早确立继承人，不但打击大家的积极性，还会对继承人不利，使他成为众矢之的，产生大量内耗。

而这个时候，是到确立继承人的时候了吗？

从后面历史的发展上看，皇太极意识到自己身体不适，但并没有意识到自己的生命将到尽头。

根据《清史稿》记载：“庚午，上御崇政殿。是夕，亥时，无疾崩，年五十二，在位十七年。”按这段话中“无疾崩”来理解，皇太极属于突然死亡，而他心中的继承人人选也随着他进入了另一个世界。

也正是由于“无疾崩”这3个字，人们对他的死产生了无限的遐想。

而他是否真是无疾而终，我们通过史料来分析一下。

前面已经说过，皇太极有流鼻血的毛病，结合后面的“无疾崩”可以看出，当时人们包括皇太极自己都没有把这个病当重大疾病来看待，这和当时的医学水平有关。

流鼻血让皇太极头晕目眩、周身乏力，这是他离开松锦会战的主要原因。回到安山之后，接连几拨医生去给他看病，并没有发现什么异样，只给出“劳累过度，需要精心休养”这样的诊断。

前面我们已经讲过，经常流鼻血的危害，中间有4个字是“危及生命”，但是这个病并不会导致人突然死亡，可见，皇太极突然死亡一定另有原因。

《清史稿·太宗本纪一》中是这么描述皇太极相貌的：“上仪表奇伟，聪睿绝伦，颜若渥丹，寒而不慓。”这段文字中有不少溢美之词，这不是我们要重点看的，“寒而不慓”这4个字是重点。根据这4个字，我们可以判断皇太极身体一定很胖，瘦人肯定不会寒而不慓的。另外，还有记载说皇太极到了中年之后，身体越来越胖，他一生喜爱两匹战马，一匹叫大白，一匹叫小白，由于他体重过胖，他骑大白一天仅能行25公里，骑小白才勉强行50公里。

心血管疾病一般和胖人如影随形，心血管疾病看上去像“无疾”一样，但是突然发作就会要了人的命。

我们来总结一下皇太极当时的身体状况：

52岁；

经常流鼻血；

胖。

我们再来总结一下心血管疾病的诱发特征及发作时间：

50岁以上人群是心血管疾病的高危人群；

身体虚弱能导致心血管疾病发作；

胖人大多都患有不同程度的心血管疾病。

结合在一起看，皇太极本来因为流鼻血，身体已经非常虚弱，加之他身体过胖。还有一点，就是他 52 岁的年龄也是心血管疾病的高发人群。所以，根据史料中的描述，结合现代医学，我们可以推断出来，皇太极很有可能是因高血压造成中风，以至脑内出血或心肌梗死突然死亡，而绝不是什么端坐于清宁宫无疾而终。

崇德八年（1643 年）八月九日，皇太极在没有任何征兆的情况下突然病逝，像他父亲一样，没有遗嘱，没有手谕。关于皇位的争夺，因为他的突然死亡再次展开……

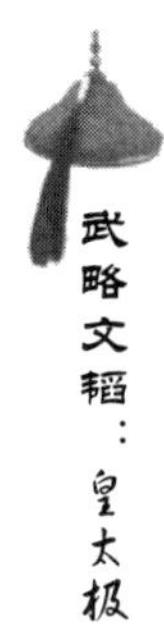